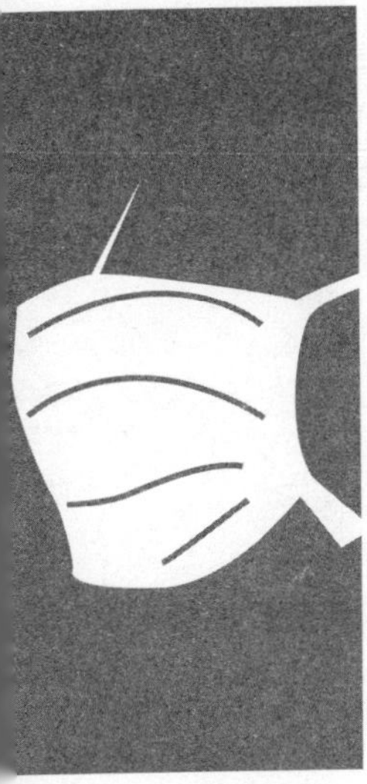

非煤矿山行业职业病防治专项集体合同实用指南

本书编写组◎编

中国工人出版社

职业病防治专项集体合同实用指南系列丛书 编委会

前言

近年来，我国职业病危害问题日趋凸显，职业病报告病例总体呈上升趋势，严重威胁着劳动者的身体健康和生命安全。减少和控制职业病的发生已经成为各方关注的社会和民生问题。

为更好地维护劳动者的安全健康合法权益，中华全国总工会制定下发了《关于加强工会参与职业病防治工作的意见》，要求各地、各企业工会加大职业病防治工作参与力度，依法代表劳动者与用人单位签订劳动安全卫生专项集体合同，进一步明确劳动关系双方的权利和义务，推动职业病防控工作制度化、规范化。各地、各企业工会将推广应用劳动安全卫生专项集体合同作为工会劳动保护工作的重要内容，推动专项集体合同覆盖范围不断扩大，在促进企业落实职业病防治主体责任、构建和谐劳动关系方面发挥了积极作用。但是，当前在实行专项集体合同工作中还存在协商不充分、程序不规范、内容不具体、履行不到位等情况。针对这些问题，中华全国总工会劳动和经济工作部对四川省总工会开展职业病防治专项集体合同工作的经验进行了全面总结，委托攀钢集团有限公司工会和攀钢劳研所，对职业危害突出的四个重点行业的职业病防治专项集体合同内容开展专题研究，编写了“职业病防治专项集体合同实用指南系列丛书”，目的是帮助工会干部掌握专项集体合同所涉及的职业卫生基本内容，加强企业实际和职业危害防控重点，有针对性地开展沟通和协商。

该丛书共分五册，分别是:《职业病防治专项集体合同实用指南（通用版）》《煤炭行业职业病防治专项集体合同实用指南》《非煤矿山行业职业病防治专项集体合同实用指南》《危化行业职业病防治专项集体合同实用指南》《建材行业职业病防治专项集体合同实用指南》。通用版分册体现了国家法律、法规和技术规范对职业病防治工作的共性要求，为专项集体合同所涉及的职业病防治内容提供了基本参考。四个行业分册体现了不同行业职业病防治工作的特殊要求，提供了针对性更强的行业范本。该丛书具有一定的实用性和可操作性，为各级工会做好新形势下劳动安全卫生专项集体合同工作提供了借鉴。

该丛书在编写过程中，得到了中国疾控中心职业卫生所李涛所长、上海市疾控中心贾晓东博士、北京义联劳动法律援助与研究中心黄乐平主任、四川大学化学学院殷勤俭教授、四川省疾控中心杜利利和王林研究员等专家的大力支持，在此表示诚挚的感谢！

由于时间匆促，编者水平有限，恳请广大工会干部和读者对疏漏和不足之处批评指正。

编者

2016年11月

使用说明

一、内容取舍。书中所涉及的合同范本（第二章第三节）的条款可根据用人单位实际情况删减，但应保证工作场所实际存在的职业病危害受到控制，职业病危害因素的强度（浓度）符合国家职业卫生标准和卫生要求。

二、工作场所与工序职业病危害因素确定。合同范本给出的主要工序职业病危害因素清单由《职业病危害因素分类目录》（卫法监发〔2002〕63号）导出。因时间变化，工艺和技术发展，职业病危害因素行业举例可能出现变化。故实际引用时，应征询本单位主管职能部门意见，对主要工序职业病危害因素进行订正后方可使用。

三、工序与工种。各用人单位工序、工序与工种对应关系不完全相同。实际引用时，应先确定本单位工序，再确定与工序相对应的工种，从而得到接害工种清单。

目录

第一篇

职业病防治专项集体合同概述

一、职业病防治专项集体合同的基本概念

专项集体合同，是指用人单位与本单位职工一方（或者行业、区域工会组织代表职工与相应的行业、区域企业代表组织或企业代表之间）根据法律、法规、规章的规定，就平等协商的某项内容签订的专项书面协议。职业病防治专项集体合同是依据职业病防治法律、法规等，就职业病防治方面的内容进行平等协商签订的专项书面协议。签订职业病防治专项集体合同（以下简称专项集体合同）对于规范劳动关系双方在职业病防治方面的权利和义务，推动企业加强职业病防治管理，维护职工安全健康权益，促进企业发展，构建和谐劳动关系具有重要意义。

二、职业病防治专项集体合同的总体原则

（一）法治原则

法治原则要贯穿于职业病防治专项集体合同协商签订的全过程，其协商内容、协商过程、签订程序必须合法，只有遵循法治原则，合同才能具有法律效力，对用人单位和劳动者才能具有法律约束。当发生争议时，劳动关系双方应保持理智、克制的态度并努力通过法律途径予以解决。

（二）平等原则

互相尊重、平等协商是签订职业病防治专项集体合同的基本前提，劳动关系双方依法享有平等的地位和利益主张。在专项集体合同协商、签订的过程中，要真实反映双方的意愿，充分考虑和认真对待对方的关切，公平合作，弥合分歧，取得共识，使签订的专项集体合同能够得到切实履行。

（三）共赢原则

协商签订专项集体合同要兼顾劳动关系双方的合法权益，在统筹双方利益的基础上把劳动者的合理要求与用人单位的实际情况结合起来，既要保证

劳动者的权益不受侵害，也要防止出现不合实际的过高要求，保证双方共同受益，实现互利共赢的目标。

三、职业病防治专项集体合同的主要内容

职业病防治专项集体合同的主要内容包括：职业病防治责任制、职业卫生管理机构和规章制度、操作规程；职业卫生条件、职业危害告知、防护设施和职业卫生投入；职业卫生教育培训制度；个人保护用品的发放、维护和使用标准；职业健康检查、职业健康监护和档案管理、职业病诊断与职业病病人保障；职业病防护应急救治措施；女职工和未成年工的特殊保护；合同履约监督和违约责任；合同争议处理的条款；合同有效期限和变更、解除及终止条款等。

四、职业病防治专项集体合同协商签订程序

（一）协商准备

1. 资料收集

订立一份内容具体可行、针对性强的职业病防治专项集体合同，需要对相关资料进行收集和梳理，主要包括以下几个方面：

（1）用人单位职业病防治情况：工作场所存在的职业病危害因素，职业病防治规章制度、操作规程，职业病危害事故应急救援措施和工作场所职业病危害因素检测评价情况，职业卫生培训制度，个体防护情况，职业健康检查和档案管理情况，职业病发病和职业病病人保障情况，劳动者职业卫生诉求及对职业病防治工作的意见、建议等。

（2）国家和地方有关集体合同、职业病防治的法律、法规、政策、制度、标准及有关文件等。

工会可以通过正常渠道和程序，以书面形式要求用人单位提供相关资料，并列出索取资料明细表。用人单位有义务和责任向工会方协商代表提供与职业病防治专项集体合同有关的情况资料，工会方协商代表对用人单位相

关情况有保守秘密的义务。

2. 调查研究

（1）工会方协商代表应深入基层通过召开座谈会、问卷调查或直接听取意见等方式，征求职工在职业病防治方面的意见和要求，使协商议题在形成时充分体现多数职工的意愿。

（2）深入现场了解用人单位职业病防治工作的实际开展情况，进一步确定重点职业病危害、危害程度、产生因素及主要职业病病种。对于用人单位职业病防治工作的相关资料内容不完整的或对其存在疑问的，应深入现场验证，保证资料的准确性和真实性。

3. 拟定草案

协商双方在确定协商议题后，可以由单独一方或双方共同研究拟定文本草案，供协商双方参考。合同文本草案的主要内容包括实体性规定和程序性规定两个方面。

实体性规定主要是职业病防治的标准和要求，包括：

（1）职业病危害因素。例如，应逐一列举用人单位存在或产生的主要职业病危害因素。

（2）职业病防治管理措施。例如，用人单位的职业病防治计划、职业卫生规章制度和操作规程、应急救援措施、职业卫生培训、劳动保护和津贴待遇、不同岗位防护用品配备的周期及种类等。

（3）职业健康检查。例如，职业健康检查周期及检查对象、职业健康监护档案管理、检查费用的提取和使用等。

（4）女职工和未成年工的特殊保护。例如，女职工孕期和哺乳期的劳动保护、未成年工的劳动保护等。

（5）拒绝违章指挥和强令进行没有职业病防护措施作业的处理程序。

（6）用人单位对患职业病劳动者的安置和保障等情况。

程序性规定主要是与职业病防治专项集体合同签订有关的程序要求，包括：

（1）合同期限。

（2）变更、解除及终止的条件和程序。

（3）履行合同期间争议协商的处理办法。

（4）违反合同的责任。

（5）合同的监督和管理等。

职业病防治专项集体合同除以上内容外，双方还可以从实际出发，通过集体协商，共同约定与职业病防治相关的其他内容。

（二）提出协商要约

提出协商要约是开展协商和签订专项集体合同的法定程序。工会和用人单位任何一方均可就签订专项集体合同以及相关事宜以书面形式向对方提出进行集体协商的要求。一方提出集体协商要求的，另一方应当在收到集体协商要求之日起 20 日内以书面形式给予回应，无正当理由不得拒绝进行集体协商。通常情况下由工会方向用人单位方主动提出要约。（附范本）

职业病防治专项集体合同协商要约书（范本）

××× 董事长（总经理）：

为维护职工职业安全健康的合法权益，促进企业的持续发展，根据《中华人民共和国劳动法》《中华人民共和国工会法》《中华人民共和国职业病防治法》和《集体合同规定》等的规定，提出集体协商和签订《职业病防治专项集体合同》的要求。为使协商工作顺利进行，发出如下要约：

一、协商会议的时间、地点

1. 时间：协商时间建议定于 ×××× 年 ×× 月 ×× 日。

2. 地点：协商地点建议定在 ×××× 会议室。

二、协商的主要内容

根据用人单位职业病防治工作情况选择需要协商的事项。

三、协商代表的确定

按照有关规定，建议双方各派 × 名协商代表。职工方协商代表是：首席代表（工会主席）为：×××，职务：××××。其他代表为：×××、×××、×××。

请行政方尽快提出代表名单，以便做好协商前的准备工作。

四、需要提供的资料

1. 用人单位职业病防治的相关制度、规定、准则等。

2. 用人单位签订劳动合同的人数及职业病患病人数等的相关数据资料。

3. 用人单位职业病防治工作的开展情况。

4. 其他有关资料。

以上资料请在协商会议开始前5日，提供给职工方首席协商代表，所涉及的商业秘密，本方代表将严格遵守保密规定。

请收到本要约书之日起20日内做出书面答复。

××××工会

××××年××月××日

职业病防治专项集体合同协商要约回复书（范本）

×××工会：

你会发出的职业病防治专项集体合同协商要约书收悉，现就有关事项答复如下：

1. 同意要约书中提出的协商时间和地点。

2. 同意要约书中提出的协商内容。

3. 行政方协商代表确定为：首席代表×××，其他代表是×××、×××、×××。

4. 行政方已将有关材料准备好，届时按规定提交。

以上答复如有异议，请及时沟通。

××××单位（企业法人代表）：×××

××××年××月××日

（三）产生协商代表

协商对于能否顺利签订合同至关重要，应当严格按照法定程序、条件及构成比例，选派或推举有一定能力、水平和素质的人员担任协商代表。协商代表包括职工方和企业方代表，协商双方代表人数应当对等，每方至少三人，并各自确定一名首席代表，双方协商代表不得相互兼任。

职工方协商代表由本单位工会选派或民主推举产生。首席代表由本单位工会主席担任，工会主席可以书面委托其他协商代表代理首席代表。用人单位一方协商代表由本单位法定代表人指派，首席代表由单位法定代表人担任或由其书面委托的其他管理人员担任。

协商双方首席代表可以书面委托本单位以外的专业人员作为本方协商代表，委托人数不得超过本方代表的1/3。首席代表不得由非本单位人员代理。

协商代表的职责主要包括：参加集体协商；接受本方人员质询；及时向本方人员公布协商情况并征求意见；提供与平等协商有关的情况和资料；代表本方参加平等协商争议处理；监督专项集体合同的履行；法律、法规和规章规定的其他职责。

首席协商代表主要负责主持协商会议，组织协调协商工作，并对协商过程中发生的问题提出处理建议、签署协商会议纪要与合同文本等。

工会可以更换职工方协商代表，并按规定重新选派或推举新的协商代表。用人单位法定代表人可以更换本方协商代表。协商代表因更换、辞任或由于不可抗力等造成空缺的，应在空缺之日起15日内产生新的协商代表。

（四）开展协商

平等协商主要采取协商会议的形式，由双方人数对等的正式代表参加，协商会议由双方首席代表轮流主持。

协商会议的程序如下：

（1）宣布议程、协商规则和会议纪律。

（2）要约方的首席代表介绍协商准备过程、协商具体内容和要求、提出协商议案的理由和依据。受约方首席代表就对方的要求做出回应。

（3）协商双方就协商事项发表各自的意见，并展开充分讨论。

（4）双方首席代表归纳意见，就达成一致的意见提出共同确认的表述方式。

（5）形成集体合同草案。

协商的注意事项如下：

（1）协商会议一般按照双方协定的议题进行，可进行一轮或多轮协商，在原定议题协商完毕后，双方均可提议增加新的协商内容，每次协商会议结束后必须做好会议结果的记录备案工作，并要求双方首席代表签字确认。

（2）协商未达成一致或出现事先未预料的问题时，经双方同意可以中止协商。中止期限及下次协商的时间、地点、内容由双方商定，中止期限一般最长不超过 60 天。

（五）职工（代表）大会审议

根据法律、法规的规定，职工代表大会（以下简称职代会）审议专项集体合同草案必须严格按程序规定进行，不能采取小范围协商等形式。具体程序如下：

（1）审议前的准备工作。工会要在召开职代会前一周将专项集体合同草案发到全体职工代表手中，提前熟悉和研究集体合同草案的内容，并听取职工意见。

（2）向职代会报告。在职代会上说明集体合同草案形成的过程、内容、制定的依据以及协商的整体情况。

（3）组织职工代表讨论。请参会职工代表进一步提出专项集体合同草案的修改、完善意见。

（4）职代会表决通过。在审议专项集体合同草案的基础上，职代会以无记名投票方式对合同草案进行表决。按法律、法规的规定，应当有 2/3 以上职工代表或职工出席，且须经全体职工代表半数以上或者全体职工半数以上同意，专项集体合同草案方能通过。

（六）签字、备案和公布

专项集体合同的签字、备案必须履行法定程序，工会方要与企业方积极配合做好此项工作。

（1）专项集体合同草案经职代会表决通过后，双方首席协商代表在集体合同文本上签字。

（2）自签字之日起 10 日内，工会要积极协助用人单位将集体合同文本一式三份报送劳动保障部门，由其对专项集体合同签订主体资格、合同内容、签订程序进行合法性的审查备案，在 15 日内未提出异议的即行生效。

如果劳动保障部门提出异议，工会要积极会同用人单位按照协商和签订程序的规定，对异议部分依法进行修改后重新报送劳动保障部门审查备案。

（3）生效的专项集体合同应当自其生效之日起由协商代表以适当的形式及时向本方全体人员公布。工会组织可以通过会议、公示栏、网络、宣传手册等形式向全体职工公布。

（七）监督检查

加强监督检查是全面履行专项集体合同的重要保证，是对专项集体合同实行动态管理的有效机制。专项集体合同一经签订就要执行，通过经常性、定期或不定期的监督检查及时发现问题，督促整改，防止违约行为和合同争议的发生，强化专项集体合同的严肃性和权威性。

1. 监督检查的主体

用人单位内部监督检查的主体是企业行政、工会和职工。也可借助政府劳动保障行政部门的劳动监察以及人大的执法检查等形式，形成专项集体合同外部监督检查机制。

2. 监督检查的内容

专项集体合同签订过程中的监督检查。监督检查协商代表的产生、构成和资格的有效性；协商程序和职业病防治专项集体合同内容是否符合国家、地方的法律、法规及有关政策和用人单位的规定；集体协商、职代会审议、签订合同、报送审查、公布生效的情况。

专项集体合同履行过程中的监督检查。监督检查职业病防治专项集体合同的履行情况、存在的问题及整改措施的落实情况；专项集体合同的变更、解除、终止、争议处理情况；用人单位、工会和职工在合同履行中行使权利和承担义务的情况；违约责任的追究等。

协商签订程序流程图

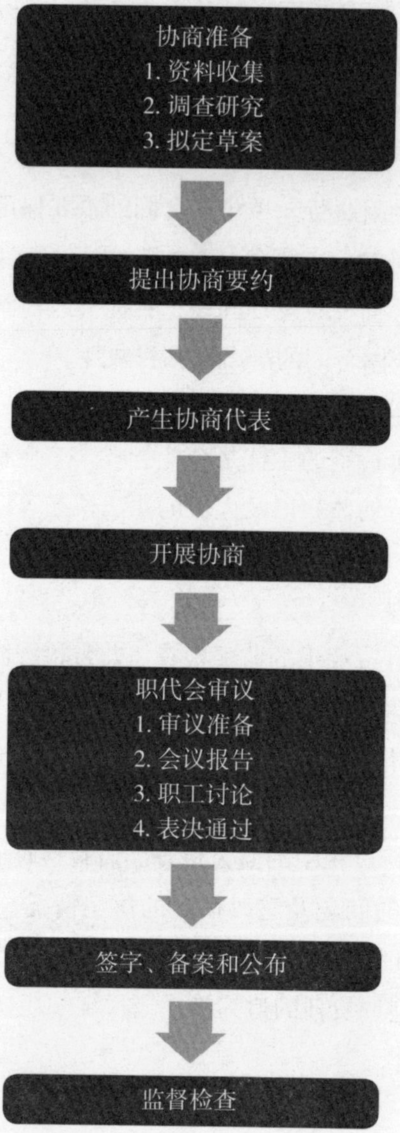
协商准备
1. 资料收集
2. 调查研究
3. 拟定草案
提出协商要约
产生协商代表
开展协商
职代会审议
1. 审议准备
2. 会议报告
3. 职工讨论
4. 表决通过
签字、备案和公布
监督检查

第二篇

非煤矿山行业职业病防治
专项集体合同范本

为预防、控制和消除职业病危害，防治职业病，保护劳动者的健康及其相关权益，促进用人单位可持续发展，依据《职业病防治法》《劳动合同法》《工会法》《集体合同规定》等法律、法规的要求和国家职业卫生标准规定，经双方平等协商，签订职业病防治专项集体合同（以下简称专项合同）。

【订立专项合同的目的和依据:《职业病防治法》第 1 条、第 41 条。】

第一章 总 则

第一条 用人单位的职业病防治工作要坚持以人为本、预防为主、防治结合的方针。建立用人单位负责、全员参与、遵守法律和法规、持续改进和完善社会监督的工作机制，对工作场所的职业病危害实行分类管理、综合治理。

【工作方针与工作机制:《职业病防治法》第 3 条及扩展。】

第二条 用人单位是职业病防治工作的责任主体。要认真贯彻国家有关职业病防治的法律、法规和规章，为劳动者创造符合国家职业卫生标准和卫生要求的工作环境和条件，并采取措施保障劳动者获得职业卫生保护。

【用人单位的主体责任:《职业病防治法》第 4 条；安监总局令第 47 号第 3 条、第 4 条。】

第三条 劳动者享有职业卫生保护权利，并应当参与本单位职业病防治工作，遵守所在岗位职业卫生制度和操作规程。

【劳动者权利与义务:《职业病防治法》第 3 条、第 4 条、第 35 条。】

第四条 工会组织依法对职业病防治工作进行监督，维护职工的合法权益。

【用人单位工会职责:《职业病防治法》第 4 条。】

第二章 职业病防治责任主体

第一节 管理措施

第五条 用人单位依法组织开展本单位的职业病防治工作，主要负责人对职业病防治工作全面负责。

【用人单位主要负责人职责：《职业病防治法》第 6 条；安监总局令第 47 号第 4 条。】

第六条　非煤矿山行业对应《国民经济行业分类》中的“非煤矿山开采业”。本合同范本覆盖其中“石油天然气开采业（B07）”“黑色金属矿采选业（B08）”“有色金属矿采选业（B09）”“非金属矿采选业（B10）”4 大类行业及其属下 12 个中类行业。依据《建设项目职业病危害风险分类管理目录》对行业病危害风险的分类，“石油开采（B071）”“铁矿采选（B081）”“锰矿、铬矿采选（B082）”“其他黑色金属矿采选（B089）”“常用有色金属矿采选（B091）”“贵金属矿采选（B092）”“稀有稀土金属矿采选（B093）”“土砂石开采（B101）”“化学矿开采（B102）”“石棉及其他非金属矿采选（B109）”10 个中类和“天然气开采（B072，高含硫化氢气田开采）”“采盐（B103，井工开采）”两个小类的职业病危害风险为“严重”类别，“其他天然气开采（B0720，非高硫化氢气田）”“采盐（B1030）”两个小类的职业病危害风险为“较重”类别。各分行业工作场所存在的主要职业病危害因素见表 1。

表 1　非煤矿山行业工作场所主要职业病危害因素

序号	分行业	职业病危害因素			
		粉尘	化学因素	物理因素	电离辐射
1	石油天然气开采业	矽尘	硫化氢、氨、甲苯、二甲苯、四氯化碳、汞、氟化物、酸雾	噪声、局部振动、高温、低温	放射性同位素与射线装置
2	黑色金属矿采选业	矽尘、水泥尘	锰、铬、氮氧化物、一氧化碳、二硫化碳、三硝基甲苯	噪声、局部振动、高温	
3	有色金属矿采选业	矽尘、石棉尘、水泥尘、铝尘	汞、砷、硫化氢、一氧化碳、氮氧化物、二硫化碳、甲苯、N-甲苯胺、硝基甲苯	噪声、局部振动、高温	氡及其子体

续 表

序号	分行业	职业病危害因素			
		粉尘	化学因素	物理因素	电离辐射
4	非金属矿采选业	矽尘、石棉尘、水泥尘、石墨尘、滑石尘、云母尘、陶瓷尘	磷、砷、氟、氮氧化物、一氧化碳、二硫化碳	噪声、局部振动、高温	

【职业病危害风险评估与告知:《国民经济行业分类》(GB/T 4754);《建设项目职业病危害风险分类管理目录》(安监总安健〔2012〕73号);《职业病危害因素分类目录》(卫法监发〔2002〕63号)。】

第七条　非煤矿山行业用人单位应当设置职业卫生管理机构，配备专职职业卫生管理人员，负责职业病危害防治日常管理工作。

【机构与人员一:《职业病防治法》第21条；安监总局令第47号第8条。】

金属非金属地下矿山用人单位必须建立通风管理机构或配备专职通风技术人员和测风、测尘人员。

【机构与人员二:《开展金属非金属地下矿山防中毒窒息专项整治的通知》(安监总管一〔2013〕32号)二(一)。】

开采含铀(钍)等放射性元素的地下矿山，应监测井下空气中氡(钍射气)及其子体浓度，氡及其子体的监测应符合 EJ 378-1989 的规定。

【特别监测项目:《金属非金属地下矿山监测监控系统建设规范》(AQ 031-2011)5.9】

第八条　非煤矿山行业用人单位应当保障职业病防治所需的资金投入，用于预防和治理职业病危害、职业病危害因素检测评价、劳动者职业健康检查和职业卫生培训等费用，按照国家有关规定，在生产成本中据实列支。

【职业病防治经费:《职业病防治法》第22条、第42条。】

第九条　非煤矿山行业用人单位必须依法参加工伤保险，确保劳动者依法享受工伤保险待遇。

【参加工伤保险:《职业病防治法》第 7 条。】

对从事接触职业病危害作业的劳动者，应当给予适当岗位津贴、补贴。本行业可能接触职业病危害作业工种（岗位）见表 2。

【劳动者接触职业病危害作业津贴:《职业病防治法》第 57 条；工种划分见“人力资源和社会保障部国家职业资格管理·职业分类目录”（http://ms.nvq.net.cn/nvqdbApp/htm/fenlei/index.html）。】

表 2　用人单位可能接触职业病危害因素的主要工种（岗位）

工作场所	接触职业病危害因素的主要工种（岗位）
石油天然气开采	井架安装工、钻井工、固井工、油气井测试工、采油工、采气工、井下作业工、天然气净化工、油气输送工、磨片工
金属与非金属矿采选	露天采矿挖掘机司机、钻孔机司机、井筒冻结工、矿井掘进工、井下采矿工、支护工、矿山提升机操作工、矿井机车运输工、矿井通风工、矿山安全检测工、火工品管理工、筛选破碎工、重力选矿工、浮选工、选矿脱水工、尾矿处理工、磨矿工
井工盐开采	井矿盐采卤工、井矿盐卤水净化工、真空制盐工、冷冻提硝工、精致盐工

第十条　非煤矿山行业用人单位应当建立、健全以主要负责人为第一责任人的职业病防治责任制，并配套有保证责任制落实到位的规章制度和操作规程。制定或者修改职业病防治的规章制度时，应当听取工会组织的意见。

【工作责任制与落实:《职业病防治法》第 4 条、第 5 条、第 21 条；安监总局令第 47 号第 11 条。】

第十一条　非煤矿山行业用人单位应当制订、公布本单位职业卫生方针、年度职业病危害防治计划和实施方案，并征求本单位工会组织意见后予以实施。年度职业病防治计划应包括目标、措施、考核指标、保障条件等内容；实施方案应包括时间、进度、实施步骤、技术要求、考核内容、验收方法等内容。

【防治工作方针、计划及实施方案:《用人单位职业病防治指南》（GBZ/T 225-2010）4.1、4.1.7。】

第十二条 非煤矿山行业用人单位应当支持工会依法实施群众监督，并提供必要的活动经费。

第二节 专项工作与要求

第十三条 劳动合同告知。非煤矿山行业用人单位与劳动者订立劳动合同（含聘用合同，下同）时，应当将工作过程可能产生的职业病危害及其后果、职业病危害防护措施和待遇（岗位津贴、工伤保险等）等如实告知劳动者，并在劳动合同中写明，不得隐瞒或者欺骗。同时，以书面形式告知劳务派遣人员。

劳动者在履行劳动合同期间因工作岗位或者工作内容变更，从事与用人单位所订立劳动合同中未告知的存在职业病危害的作业时，用人单位应当依照前款规定，向劳动者履行如实告知的义务，并协商变更原劳动合同相关条款。

【劳动合同告知:《职业病防治法》第 34 条；安监总局令第 47 号第 29 条；《用人单位职业病危害告知与警示标识管理规范》（安监总厅安健〔2014〕111 号）第 7 条、第 8 条。】

职业病危害因素种类及可能引起的职业病，以国务院卫生行政部门发布的《职业病危害因素分类目录》为准。

非煤矿山行业工作场所主要工序职业病危害告知信息参见附件 1。

第十四条 用工职业禁忌。劳动者有下列情形的，不得安排其从事接触职业病危害岗位或作业。

（一）拟从事接触职业病危害作业的新录用劳动者，包括转岗到该作业岗位的劳动者，未经上岗前职业健康检查的。

【用工职业禁忌之一:《职业病防治法》第 36 条；安监总局令第 49 号第 12 条。】

（二）上岗前职业健康检查发现有职业禁忌的劳动者，不得安排从事其所禁忌的作业。

【用工职业禁忌之二:《职业病防治法》第 36 条；安监总局令第 49 号第 12 条。】

（三）未经上岗前职业卫生培训，或培训不合格的。

【用工职业禁忌之三：《用人单位职业病危害防治八条规定》（安监总局令第76号）。】

（四）定期职业健康检查发现的有职业禁忌证的劳动者，应调离或者暂时脱离原工作岗位；有与所从事的职业相关的健康损害的劳动者和已患职业病不适宜继续从事原工作的劳动者，应当调离原工作岗位，并妥善安置。

【用工职业禁忌之四：《职业病防治法》第36条、第57条。】

（五）不得安排未成年工从事接触职业病危害的作业；不得安排孕期、哺乳期的女工从事对本人和胎儿、婴儿有危害的作业，禁忌作业范围执行《女职工劳动保护特别规定》的规定。

【用工职业禁忌之五：《职业病防治法》第39条；安监总局令第47号第33条；安监总局令第49号第12条。】

用人单位不得安排怀孕女工和未成年工在35℃以上的高温天气期间从事室外露天作业及温度在33℃以上的工作场所作业。

【用工职业禁忌之六：《防暑降温措施管理办法》第8条（三）款。】

第十五条 劳动合同保障。劳动者有下列行为或情形的，用人单位不得解除劳动合同。

（一）用人单位与劳动者订立劳动合同时未告知职业病危害的，劳动者有权拒绝从事存在职业病危害的作业，用人单位不得因此解除与劳动者所订立的劳动合同。

【劳动合同保障之一：《职业病防治法》第34条；安监总局令第47号第29条。】

（二）劳动者患有疑似职业病，按照职业健康检查机构的建议进行诊断或者医学观察期间，不得解除或者终止与其订立的劳动合同。

【劳动合同保障之二：《职业病防治法》第56条。】

（三）对未进行离岗前职业健康检查的劳动者，不得解除或者终止与其订立的劳动合同。

【劳动合同保障之三：《职业病防治法》第36条；安监总局令第49号第15条。】

（四）劳动者对本单位违反职业病防治法律、法规以及危及生命健康的行为提出批评、检举、控告，或拒绝违章指挥和强令进行没有职业病防护措施的作业的，不得解除或者终止与其订立的劳动合同。

【劳动合同保障之四：《职业病防治法》第 40 条。】

第十六条 职业卫生培训。非煤矿山行业用人单位的主要负责人和职业卫生管理人员应当接受职业安全卫生培训机构举办的职业卫生培训，并取得培训合格证明，持证上岗。

从事接触职业病危害的劳动者应当接受本单位组织的上岗前的和在岗期间的职业卫生培训。工作岗位或工作条件变换导致劳动者接触的职业病危害因素发生变化的，用人单位应当重新对劳动者进行上岗前的职业卫生培训。

【职业卫生培训：《职业病防治法》第 35 条；安监总局令第 47 号第 9 条、第 10 条。】

第十七条 工作场所职业病危害因素监控。非煤矿山行业用人单位应当对工作场所职业病危害因素实施由本单位专人负责的日常监测；委托具有相应资质的职业卫生技术服务机构，每年至少进行一次职业病危害因素定期检测，定期检测应遵守《用人单位职业病危害因素定期检测管理规范》（安监总厅安健〔2015〕16 号）的规定。职业病危害严重的，还应当委托具有相应资质的职业卫生技术服务机构每三年至少进行一次职业病危害现状评价。职业病危害因素日常监测范围及频次见表 3。

表 3 非煤矿山行业工作场所职业病危害因素日常监测规定

职业病危害因素		监测地点	监测周期
粉尘	总尘	凿岩工作面	1 月 1 次；放射矿 1 月≥ 3 次
	呼尘	采、掘（剥）工作面和其他工作场所尘源作业点	个体采样：1 月 2 次；放射矿 1 月≥ 3 次
			定点采样：1 月 1 次；放射矿 1 月≥ 3 次
	游离 SiO_2 含量	粉尘监测点	1 年 1 次（样品数≥ 3 个）

续　表

职业病危害因素		监测地点	监测周期
化学毒物	硫化氢、二氧化氮、一氧化碳、二氧化碳	井下作业地点	1月1次
		其他作业地点	3月1次
	其他有毒物质	接触有毒作业地点	3月1次
噪声	井工矿	噪声作业地点	1年≥1次
	露天矿	挖掘机、穿孔机、矿用汽车、带式输送机、排土机和爆破作业等地点	1年≥1次
	选矿	筛分机、破碎机、磨矿机、磁选通风机、水泵及其他机械设备	1年≥1次
电离辐射	氡及其子体	井下作业地点	1周1次；浓度变化较大期间1周3次
	放射源或射线装置	作业地点	1年≥1次
气象条件（温度、湿度、风速、气压）		作业地点	1月≥1次

在前款规定的职业病危害监测或者定期检测、现状评价过程中，发现工作场所职业病危害因素浓度或强度不符合附件2卫生限值要求时，应当立即采取相应治理措施；仍然达不到卫生限值要求的，必须停止存在职业病危害因素的作业。职业病危害因素经治理后，符合卫生限值要求的，方可重新作业。

【工作场所职业病危害因素监控：《职业病防治法》第15条、第27条；安监总局令第47号第12条、第19条、第22条；《金属非金属矿山安全规程》（GB 16423）7.1；GBZ 1：6.1.1；GBZ 2.1：4.1、4.2、4.3；GBZ 2.2：4~15。】

第十八条　职业健康检查。非煤矿山行业用人单位对从事接触职业病危害因素作业的劳动者，应当按照《职业健康监护技术规范》（GBZ 188）、《放射工作人员职业健康监护技术规范》（GBZ 235）等有关规定，组织上岗前、在岗期间、离岗时的职工进行职业健康检查，并符合下列规定：

（一）应当制订职业健康检查年度计划，委托具有职业健康检查机构资质的医疗卫生机构实施。计划实施完成后，应及时索取职业健康检查报告，将劳动者的检查结果及职业健康检查机构的建议以书面形式如实告知劳动者。

（二）应当确保参加职业健康检查的劳动者身份的真实性，承担职业健康检查费用。劳动者接受职业健康检查的时间应当视同正常出勤。

（三）应当分析和采纳职业健康检查报告的建议，采取相应处置措施。对检查出有职业健康监护目标疾病的劳动者，按体检建议处理；对需要复查的劳动者，按照职业健康检查机构要求的时间安排复查和医学观察；对疑似职业病病人，按照职业健康检查机构的建议安排其进行医学观察或者职业病诊断；对存在职业健康损害风险高的岗位，立即改善劳动条件，完善职业病防护措施。

（四）非煤矿山行业劳动者在岗期间职业健康检查规定见附件 3。

【劳动者职业健康检查：《职业病防治法》第 36 条，安监总局令第 47 号第 30 条；安监总局令第 49 号第 7 条、第 8 条、第 9 条、第 11 条、第 12 条、第 13 条、第 15 条。】

第十九条 职业病危害事故和应急救援。非煤矿山行业用人单位应建立由专职人员组成的事故应急救援组织，配备必要的应急救援器材和设备。生产规模较小不必建立事故应急救援组织的，应当指定兼职的应急救援人员，并与邻近的事故应急救援组织签订协议。

【应急救援人员与组织：《金属非金属矿山安全规程》（GB 16423）4.20】

用人单位应当组织对工作场所可能发生的职业病危害事故类型及其风险进行评估。针对风险较大的急性职业病危害事故建立、健全应急救援预案和现场处置方案。预案和方案的内容，编制要求与程序、评审、发布、备案、培训、演练和修订应符合《生产安全事故应急预案管理办法》《企业安全生产应急管理九条规定》和《生产经营单位生产安全事故应急预案编制导则》的要求。应急救援预案和现场处置方案还应当纳入本单位综合应急救援体系，每年至少组织一次演练。

【职业病危害事故应急救援预案与实施：《职业病防治法》第 21 条；安监总局令第 47 号第 11 条；《生产安全事故应急预案管理办法》（安监总局令第

17号）;《企业安全生产应急管理九条规定》（安监总局令第74号）;《生产经营单位生产安全事故应急预案编制导则》（GB/T 29639）。】

职业病危害事故现场救援在遵守应急救援预案的前提下，还应遵守下列规定。

（一）救援人员在没有充分个体防护的情况下不得进入危险区域。

（二）尽快阻隔或控制危害源，搜救受伤人员，采集样品，封锁危险区域以及封存相关物品。

（三）受伤人员和暴露人员应当经现场医学处理且病情相对平稳后，再转运至指定的医疗机构接受救治、医学观察和健康检查。

第二十条　建立和维护劳动者职业健康监护档案。非煤矿山行业用人单位应当为劳动者建立和维护职业健康监护档案，并按照规定的期限妥善保存。职业健康监护档案应当包括下列内容：

（一）劳动者个人基本信息、职业史和职业病危害接触史。

（二）劳动者历任岗位的职业病危害因素检测结果。

（三）劳动者历次职业健康检查结果及处理情况。

（四）劳动者职业病诊疗资料。

劳动者或者其近亲属、委托的代理人有权查阅、复印劳动者本人的职业健康监护档案。劳动者离开用人单位时，有权索取本人职业健康监护档案复印件，用人单位应当如实、无偿提供，并在所提供的复印件上签字盖章。

【劳动者职业健康监护档案:《职业病防治法》第21条、第37条；安监总局令第49号第19条、第20条、第21条;《职业卫生档案管理规范》（安监总厅安健〔2013〕171号）附件6。】

第二十一条　职业病诊断与鉴定。劳动者健康出现与职业相关的损害，提出职业病诊断要求的，用人单位应当及时安排其进行诊断。诊断机构可以选择用人单位所在地、劳动者本人户籍所在地或者经常居住地的依法承担职业病诊断的医疗卫生机构；应当由劳动者选择，或经劳动者同意。

【职业病诊断:《职业病防治法》第45条、第56条；卫生部令第91号第19条。】

当事人对职业病诊断结果有争议的，可以向作出诊断的医疗卫生机构所在地地方人民政府卫生行政部门申请鉴定、再鉴定。职业病诊断、鉴定的费用由用人单位承担。

【职业病鉴定诊断:《职业病防治法》第 53 条、第 54 条；卫生部令第 91 号第 36 条。】

职业病诊断、鉴定机构书面通知用人单位提供其掌握的劳动者职业健康监护档案规定材料的，用人单位应当在接到通知后的 10 日内如实提供。

【职业病诊断材料提供:《职业病防治法》第 48 条；卫生部令第 91 号第 24 条、第 46 条。】

第二十二条 患职业病劳动者的待遇。用人单位应当保障患有职业病的劳动者获得医疗救治和经济补偿；安排职业病病人进行治疗、康复和定期检查；安排在岗患者从事力所能及的工作。

【患职业病劳动者的待遇:《职业病防治法》第 57 条。】

用人单位参加工伤保险的，职业病患者的诊疗、康复费用，伤残以及丧失劳动能力的职业病病人的社会保障，按照国家有关工伤保险的规定执行。

【患职业病劳动者的待遇:《职业病防治法》第 58 条。】

用人单位未参加工伤保险的，职业病患者的医疗和生活保障比照《职业病防治法》和《工伤保险条例》规定的有关待遇标准，承担全部费用。

【患职业病劳动者的待遇:《职业病防治法》第 60 条;《工伤保险条例》（国务院令第 586 号）。】

第三节 工作场所的防护与要求

第二十三条 防护原则。工作场所应合理布局，优先采用先进的生产工艺、技术和无毒（害）或低毒（害）的设备和材料。对工艺、技术、设备和材料达不到要求的，应根据生产工艺、生产条件和产生的危害因素特性，参照相应技术规范的规定配置卫生工程措施，使劳动者活动的工作场所有害因素浓度（强度）符合附件 2 的要求；如预期劳动者接触浓度（强度）不符合要求的，应配备有效的个体防护措施。

【防护原则:《职业病防治法》第 15 条；安监总局令第 47 号第 12 条；GBZ 1：6.1.1；GBZ 2.1：4.1、4.2、4.3；GBZ 2.2：4~15。】

第二十四条　布局卫生要求。生产区域与生活区域分开，生产区域布置在当地全年最小频率风向的上风侧，生活区域布置在当地全年最小频率风向的下风侧。生产区域内工艺布局合理，有害作业与无害作业分开；生产区域不得住人。本行业各分行业总体布局特别要求如下。

【布局卫生要求一：《职业病防治法》第15条；安监总局令第47号第12条；GBZ 1：5.2.1.1、5.2.1.4。】

石油天然气开采业：油气站场应当布置在当地全年最小频率风向的上风侧。生产辅助区、办公区和生活区布置在当地全年最小频率风向的下风侧。

露天矿：破碎场、排土场应位于工业场地、生活办公区和居民区最小频率风向的上风侧。

【布局卫生要求二：《金属非金属矿山安全规程》（GB 16423）7.1.16。】

第二十五条　辅助用室。工作场所应设置辅助用室。辅助用室包括工作场所办公室，生产卫生室（浴室、更衣间、洗衣房），生活室（休息室、食堂、盥洗室、厕所）等；各种辅助用室位置、室内布置和配置设施数量，应符合GBZ 1的要求。

【辅助用室：《职业病防治法》第15条；安监总局令第47号第12条；GBZ 1：7.1~7.4。】

地下矿特别要求：放射性矿不应在井下就餐和饮水，非放射性矿井下就餐室应当布置在空气新鲜的进风巷道内。

【辅助用室特别要求一：《金属非金属矿山安全规程》（GB 16423）7.1.12、7.1.13。】

每一中段，选顶板稳固、通风良好的地点设置一个厕所。

【辅助用室特别要求二：《金属非金属矿山安全规程》（GB 16423）7.1.14】

每个矿井应有浴室、更衣室，并能满足人数最多班全体人员在一小时内洗完的要求，且更衣室应配置通风除尘设施，气温不低于20℃。

【辅助用室特别要求三：《金属非金属矿山安全规程》（GB 16423）7.1.15。】

放射性矿浴室只设置沐浴设施，更衣室应分别设置污染衣物和非污染衣物存放处，不得交叉。

【辅助用室特别要求四：《金属非金属矿山安全规程》（GB 16423）7.1.15。】

第二十六条 工艺、技术、设备和材料卫生要求。工作场所采用的工艺、技术、设备和材料应当符合《产业结构调整指导目录》《部分工业行业淘汰落后生产工艺装备和产品指导目录》的规定，不得使用国家明令禁止使用的可能产生职业病危害的设备或者材料。

【工艺、技术、设备和材料限制:《职业病防治法》第31条；安监总局令第47号第25条;《用人单位职业病防治指南》(GBZ/T 225)4.3.1。】

第二十七条 用人单位对采用的技术、工艺、材料、设备，应当知悉其可能产生的职业病危害，对有职业病危害的技术、工艺、设备、材料，不得隐瞒其危害而采用。

【工艺、技术、设备和材料危害告知:《职业病防治法》第33条；安监总局令第47号第28条。】

使用可能产生职业病危害的设备、化学品、放射性同位素和含有放射性物质的材料的，应当配有符合国家规定的中文说明书。说明书应当载明产品特性、主要成分、存在的有害因素、可能产生的危害后果、安全使用注意事项、职业病防护以及应急救治措施等内容。

【设备和材料中文说明书:《用人单位职业病防治指南》(GBZ/T 225)4.3.5、4.3.7、4.3.8。】

第二十八条 防尘、防毒、防氡及其具体措施。

·石油天然气开采业

(一)泥浆配制、地质磨片可能逸散粉尘的作业，应优先采用机械化和自动化，避免直接人工操作。确需人工操作的，应设置局部机械排风系统除尘，排风罩应形式适宜、位置正确、风量适中、强度足够、检修方便，罩口风速或控制点风速应足以将逸散粉尘吸入罩内，确保达到捕集效率。

【防尘毒要求之一:《工业企业设计卫生标准》(GBZ 1)6.1.1.2、6.1.5.1。】

(二)开采工艺应具有对油井口和采油设备有效密闭的设施，钻井和井下作业应配备井控装置和采取防喷措施；集输工艺应采用质量、密闭性及连接良好的设备、管道、阀门及管件，防止跑、冒、滴、漏。站场进出口均应设置紧急截断阀，以便在事故状态下管道能快速截断。天然气输送系统中，应对进站参数、出站压力、流量等进行自动监控，以便及时发现意外泄漏。

【防尘毒要求之二:《石油天然气安全规程》(AQ 2012) 4.1.10;《石油化工安全环保技术》2014，30 (3): 31~33。】

(三) 含硫化氢油气站场，集输站、计量间、站场值班室等室内工作场所应设置通风净化装置。机械通风装置的进风口位置，应设于室外空气比较洁净的地方; 供给室内场所的空气应直接送入。当机械通风系统采用部分循环空气时，送入工作场所空气中硫化氢、二氧化硫含量，不应超过规定接触限值的 30%。

【防尘毒要求之三:《工业企业设计卫生标准》(GBZ 1) 6.1.5.1。】

在有可能形成硫化氢和二氧化硫聚集场所，场地及设备的布置应考虑季节风向。配置防爆型局部通风设备，保持良好的通风，并设置风向标、逃生通道及安全区。

【防尘毒要求之四:《石油天然气安全规程》(AQ 2012) 4.5.4。】

(四) 含硫化氢生产作业现场，应当按照《石油化工可燃气体和有毒气体检测报警设计规范》的要求安装硫化氢监测系统。重点监测区应安装固定式自动报警或检测装置，设置符合防爆要求的事故通风及与事故排风系统相连锁的泄漏报警装置。不具备设置固定式报警装置的，应配置便携式检测报警仪。

【防尘毒要求之五:《工业企业设计卫生标准》(GBZ 1) 6.1.5.2、6.1.6.2。】

硫化氢监测仪报警值设定: 阈限值为 1 级报警值，安全临界浓度为 2 级报警值，危险临界浓度为 3 级报警值。

【防尘毒要求之六:《石油天然气安全规程》(AQ 2012) 4.5.2。】

(五) 含硫化氢油气生产和气体处理作业，钻井过程，试油 (气)、修井及井下作业过程以及集输站、水处理站、天然气净化厂等含硫化氢环境作业，应配备正压式空气呼吸器及与其匹配的空气压缩机; 配备的防护装置应落实人员管理，并处于备用状态。

【防尘毒要求之七:《石油天然气安全规程》(AQ 2012) 4.5.3。】

作业人员进入有泄漏的井站区、低凹区、污水区等硫化氢易于积聚的区域作业，以及进入天然气净化厂的脱硫、再生、硫回收、排污放空区进行检修和抢险作业，应携带正压式空气呼吸器。

【防尘毒要求之八:《石油天然气安全规程》(AQ 2012) 4.5.9。】

(六) 作业人员进入塔、罐、管道、容器以及地下室、窨井或其他封闭、半封闭场所作业，应遵守《化学品生产单位受限空间作业安全规范》(AQ 3028) 的规定。

·金属非金属矿山采选业

(一) 地下矿。

1. 矿井必须配置完善的防尘洒水系统和独立完整的机械通风系统。

防尘洒水系统由永久性贮水池、备用水池、防尘管路、洒水和喷雾装置组成。应保证水质清洁、压力足够，具备连续供井下一个作业班用水的能力；在所有可能逸散粉尘的地点设置和使用洒水、喷雾装置。

【洒水除尘要求:《金属非金属矿山安全规程》(GB 16423) 6.4.5.1。】

机械通风系统主要通风机必须安装在地面，主扇应有规格型号相同的备用电机。机械通风系统必须能实现反风，每年至少进行一次反风试验。通风量按井下同时工作的最多人数计算，供风量应不少于每人每分钟 $4m^3$ 的要求。

【通风除尘要求:《金属非金属矿山安全规程》(GB 16423) 6.4.2.1、6.4.3.2、6.4.1.5。】

2. 井下采掘工作面进风流中的空气成分(体积百分比)应符合要求，氧气≥ 20%，二氧化碳≤ 0.5%；入风井巷和采掘工作面风源含尘量应≤ $0.5mg/m^3$；井下所有机电硐室都应供给新鲜风流。

【风流成分:《金属非金属矿山安全规程》(GB 16423) 6.4.1.1、6.4.1.2。】

井巷通风应按不同地点和不同状态控制风速和风量，以保证受风地点气流中有害气体浓度稀释到卫生限值以下。

3. 采场、二次破碎巷道和电耙巷道，应采用贯穿风流通风方式或机械通风。独头掘进工作面和通风不良的采场，应按相应技术规范安装局部通风设备。

采场形成通风系统之前，不应进行回采作业；严禁无风、微风、循环风冒险作业。

【特别场所通风规定:《金属非金属矿山安全规程》(GB 16423) 6.4.4.1、

6.4.2.3、6.4.2.7;《关于开展金属非金属地下矿山防中毒窒息专项整治的通知》（安监总管一〔2013〕32号）二（三）。】

4. 井下使用的无轨运输内燃设备应使用低污染的柴油发动机，每台设备应有废气净化装置，净化后的废气中有害物质浓度应符合GBZ 1、GBZ 2的有关规定。

【井下设备尾气净化:《金属非金属矿山安全规程》（GB 16423）6.3.1.17。】

5. 每个中段至少设置一个避灾硐室，独头巷道应每掘进500m设置一个避灾硐室。避灾硐室应设置在岩石坚硬稳固的地方，安装供风、供水管路并设置阀门，并应能有效防止有毒有害气体和井下涌水进入；配备自救器、有毒有害气体检测仪器、急救药品和照明设备，以及直通地面调度室的电话。

【紧急避险系统:《关于印发金属非金属地下矿山安全避险“六大系统”安装使用和监督检查暂行规定的通知》（安监总管一〔2010〕168号）（七）。】

6. 采掘工作面应设置监测监控系统，实现对采掘作业过程一氧化碳等有毒有害气体浓度，以及主要工作地点风速的动态监控。监测监控系统安装标准和使用管理要求应符合国家安监总局“金属非金属地下矿山安全避险‘六大系统’安装使用和监督检查暂行规定”。

【监控系统:《关于印发金属非金属地下矿山安全避险“六大系统”安装使用和监督检查暂行规定的通知》（安监总管一〔2010〕168号）（五）。】

7. 井下钻孔、凿岩应采取湿式作业。缺水地区或湿式作业有困难的地点，干式作业应采取抽尘净化装置或其他防尘措施。凿岩、出渣前，应清洗工作面10米内的巷壁；爆破后和装卸矿（岩）时应进行喷雾洒水；进风道、人行道和运输巷道的岩壁，应每季至少清洗1次。

【井下钻孔湿式作业:《金属非金属矿山安全规程》（GB 16423）6.4.5.1–6.4.5.3。】

8. 停止作业并已撤除通风设施而又无贯穿风流通风的采场、独头上山或较长的独头巷道，应设置隔断进入的栅栏；若需重新进入，应先行通风并进行空气成分分析，确认安全方准进入。修复废旧井巷，应先了解废旧巷内的空气成分，确认安全后方可施工。修复被水淹没的井巷时，应采取防止有毒有害气体突然涌出的措施。

【特殊作业:《金属非金属矿山安全规程》(GB 16423)6.1.6.7、6.1.6.8、6.4.4.4。】

9. 非事故或突发事件状态下，除负责人、水泵工、信号工和紧急维修人员之外，连续24小时内任何作业人员均不应在井下滞留或被强制滞留8小时以上（包括上、下井时间）。

【井下工时限制:《金属非金属矿山安全规程》(GB 16423)4.5。】

（二）露天矿。

1. 钻孔作业应采取湿式作业；破碎作业应采取密闭、通风除尘措施；铲装作业应采用洒水、喷雾除尘措施；卸矿点作业应设喷雾装置除尘；平峒溜井应采取洒水、喷雾等除尘措施；带式输送机应采取密闭、抽风除尘。

【作业点防尘:《金属非金属矿山安全规程》(GB 16423)5.1.19、5.3.3.4。】

2. 钻机、挖掘机、推土机、矿用汽车等司机操作室应采用密闭措施防尘。运输路面应经常洒水，加强维护，保持路面平整。

3. 深凹露天矿采场应配置通风措施；采掘设备和矿用自卸汽车的司机驾驶室，应配备空气调节装置，不应开窗作业。

【深凹露天矿采场防尘:《金属非金属矿山安全规程》(GB 16423)5.1.20。】

（三）盐类矿。

钻井水溶开采，钻井修井作业时井口应安装防喷装置，并采取相应防喷措施。在井口、取样阀、卤池等有毒有害气体聚集点作业时，应采取个体防护措施，并专人监护。

【盐类矿防尘毒:《金属非金属矿山安全规程》(GB 16423)5.6.2.11、5.6.2.12。】

（四）选矿工艺。

1. 原矿准备工作场所，应采取湿式作业和除尘器捕尘、降尘措施。卸矿、贮矿、给矿、输送、破碎、筛分、磨矿等作业区域应进行密闭、安装和使用喷雾、洒水装置。只能进行干式原矿准备的，应采取密闭尘源和安装除尘器捕尘净化措施。

【原矿准备工作场所防尘毒:《选矿安全规程》(GB 18152)7.2.9、12.4。】

2. 浮选、浸出作业场所应采用通风净化措施。浮选区域应设置单独的配药间，室内配置通风橱和机械通风排毒设施。

焙烧炉应采用负压操作工艺，不应漏风；煤气作业区人员聚集的值班室和作业地点，应装有煤气泄漏自动报警装置。

【浮选、浸出作业场所防尘毒：《选矿安全规程》（GB 18152）7.5.3.9、7.5.3.10、7.5.4.3、7.5.4.9。】

3. 作业行为控制。浮选调配剧毒、刺激性和麻醉性以及挥发性药品，应在通风橱内操作；使用杯式给药机调整给药量作业，应停机进行。浮选池、浸出槽及容器检修时，应先进行通风排毒，空气中毒物浓度达到安全值后方可操作。焙烧炉检修，应先将煤气管道堵上盲板，并进行气体转换后才能作业。

【特殊作业防尘毒：《选矿安全规程》（GB 18152）7.5.3.8、7.5.3.10、7.5.4.4、7.5.5.3。】

第二十九条 防暑措施要求。非煤矿山行业采用的防暑措施应当符合下列卫生要求。

（一）石油天然气开采站场值班室应配置冷暖两用空调，为现场作业人员配备防强光紫外线红外线护目镜。

（二）金属非金属矿山地下开采应当实行通风降温。应采用缩短入风线路长度的方式，保证风量，并降低到达工作面风流的温度。采掘工作面的空气温度超过 28℃，应增加风量降温；当风速达到限值，气温仍未控制，应采取其他降温或防护措施。

【地下矿防高温：《金属非金属矿山安全规程》（GB 16423）6.4.1.6。】

井下局部热害严重的工作面应采用移动式制冷机进行局部降温；非空调措施无法达到作业环境标准温度的，应采用空调降温。

（三）金属非金属矿山露天开采应尽量采用机械化作业，减少高温和热辐射的影响；合理调整作业时间。应当根据地市级以上气象主管部门所属气象台当日发布的预报气温，遵守下列规定：

（1）日最高气温达到 40℃以上，应当停止当日室外露天作业。

（2）日最高气温达到 37℃以上、40℃以下时，用人单位全天室外露天作业时间累计不得超过 6 小时，连续作业时间不得超过国家规定，且在气温最高时段 3 小时内不得安排室外露天作业。

（3）日最高气温达到35℃以上、37℃以下时，用人单位应当采取换班轮休等方式，缩短劳动者连续作业时间，并且不得安排室外露天作业劳动者加班。

【高温天气作业规定:《防暑降温措施管理办法》（安监总安健〔2012〕89号）第8条。】

（四）金属非金属矿山选矿工作场所应优先采用使劳动者远离热源的方式，同时根据其具体条件采用隔热、通风、降温等措施，保证劳动者工作地点温度符合附件2的要求。

【防暑原则:《工业企业设计卫生标准》（GBZ 1）6.2.1.1。】

采用自然通风的工作场所，进风口宜位于夏季主导风向的迎风面，热源应布置在工作场所和操作岗位下风侧、天窗下方的部位。以热压自然通风为主的工作场所，热源尽量布置在天窗的下面；为避免建筑物迎风面在较大风速作用下破坏热压，产生倒灌，应设计挡风（避风）天窗，或在排气天窗周边安装挡风板。

【通风措施:《工业企业设计卫生标准》（GBZ 1）6.2.1.3、6.2.1.8;《黑色金属冶炼及压延加工业职业卫生防护技术规范》（GBZ/T 231）6.2.2.2.3。】

在高温作业时间较长，工作地点的热环境参数达不到卫生要求的，应采取局部送风降温措施，带有水雾的气流风速和雾滴直径应符合GBZ 1的规定。

【降温措施:《工业企业设计卫生标准》（GBZ 1）6.2.1.11。】

第三十条 防寒措施要求。非煤矿山行业采用的防寒措施应当符合下列卫生要求。

（一）凡近十年每年最冷月平均气温≤8℃的、月数≥3个月的地区应设集中采暖设施，月数<2个月的地区应设局部采暖设施。工作地点的采暖温度和辅助用室的冬季温度应符合GBZ 1的规定。

【防寒措施施用原则:《工业企业设计卫生标准》（GBZ 1）6.2.2.1。】

采用热风采暖的，送风的最高温度不得超过70℃，避免直接面向人，室内气流一般应为0.1 ~ 0.3m/s。

【热风采暖要求:《工业企业设计卫生标准》（GBZ 1）6.2.2.6。】

（二）露天作业工作地点不固定，需要持续低温作业时，应在工作场所附近设置取暖室。

地下开采冬季进风井巷空气温度应高于2℃；低于2℃时，应有暖风设施，不应采用明火直接加热进入矿井的空气。严寒地区，主要井口（所有提升井和作为安全出口的风井）应有保暖措施，防止井和井筒结冰。

【地下矿防寒:《金属非金属矿山安全规程》(GB 16423) 6.4.1.7。】

第三十一条　防噪声与振动措施要求。非煤矿山行业采用的噪声与振动措施应当符合下列卫生要求。

（一）金属非金属矿山地下矿在通风机房室内墙壁、屋面敷设吸声体；在压风机房设备进气口安装消声器，室内表面做吸声处理；对主井绞车房内表面进行吸声处理，局部设置隔声屏；在巷道掘进中应使用液动凿岩机或凿岩台车；在采矿工作面应使用双边链条刮板输送机等措施控制噪声。

（二）油气站场、选矿工作场所噪声较大的设备应尽量将噪声源与操作人员隔开，选用固定密封型、活动密封型或局部开敞式隔声罩等进行隔声。

【隔声措施一:《工业企业设计卫生标准》(GBZ 1) 6.3.1.1、6.3.1.4;《黑色金属冶炼及压延加工业职业卫生防护技术规范》(GBZ/T 231) 6.2.3.2.1。】

当不宜对声源做隔声处理，而操作人员又不必经常停留在声源附近时，应设置供监控、观察、休息用的隔声间（室）对劳动者进行保护。隔声间（室）噪声声级应≤ 75dB（A）。

【隔声措施二:《工业企业设计卫生标准》(GBZ 1) 6.3.1.7;《黑色金属冶炼及压延加工业职业卫生防护技术规范》(GBZ/T 231) 6.2.3.2.1。】

各类空气动力性噪声，如鼓风机、压缩机、汽轮机等设备的进排气口，应采取消声措施。

【消声措施:《黑色金属冶炼及压延加工业职业卫生防护技术规范》(GBZ/T 231) 6.1.4.4.4。】

输送各种介质的管道，应采取相应的隔振措施。隔振装置及支承结构形式，应根据机械设备的类型、振动强弱、扰动频率等特点以及建筑、环境和劳动者对噪声振动的接触情况等因素选择。隔振设计目标值，应按GBZ 1和GBZ 2.2的要求确定。

【隔振措施:《黑色金属冶炼及压延加工业职业卫生防护技术规范》(GBZ/

T 231）6.1.4.4.6、6.2.3.2.4。】

第三十二条 防非电离辐射措施要求。

对工作场所可能产生工频、高频、微波，红外辐射、紫外辐射及激光等非电离辐射的设备、设施，应采取有效的屏蔽、接地、吸收等工程技术措施，如预期不能屏蔽的应设计反射性隔离或吸收性隔离措施，使劳动者非电离辐射作业的接触水平符合 GBZ 2.2 的要求。

【防非电离辐射措施:《工业企业设计卫生标准》（GBZ 1）6.4.4。】

第三十三条 放射性同位素和射线装置防护措施要求。非煤矿山行业用人单位生产工艺和设备需要使用放射性同位素和射线装置的，应当依照《放射性同位素与射线装置安全和防护条例》规定取得许可证，并在许可证有效期内使用。工作场所防护应当符合下列规定。

【许可:《放射性同位素与射线装置安全和防护条例》第 5 条、第 6 条。】

（一）使用放射性同位素和射线装置的工作场所，应当划定放射作业区域，入口处设置安全和防护设施以及必要的防护安全联锁、报警装置或者工作指示信号。

【警示:《放射性同位素与射线装置安全和防护条例》第 34 条;《用人单位职业病危害告知与警示标识管理规范》（安监总厅安健〔2014〕111 号）第 15 条。】

（二）射线装置应当具有防止误操作、防止工作人员和公众受到意外照射的安全措施。

【防止不当照射一:《放射性同位素与射线装置安全和防护条例》第 34 条。】

（三）在室外、野外使用放射性同位素和射线装置的，应当按照国家安全和防护标准的要求划出安全防护区域，设置明显的放射性标志，必要时设专人警戒。

【防止不当照射二:《放射性同位素与射线装置安全和防护条例》第 36 条。】

（四）使用Ⅰ类、Ⅱ类、Ⅲ类放射源的场所和终结运行后产生放射性污染的射线装置，应当依法实施退役。

【退役制度：《放射性同位素与射线装置安全和防护条例》第33条。】

（五）必须配备与辐射类型和辐射水平相适应的防护用品和监测仪器。包括个人剂量测量报警、固定式和便携式辐射监测、表面污染监测、流出物监测等设备，并保证可能接受辐射的工作人员佩戴个人剂量计。

【监测防护：《职业病防治法》第26条；安监总局令第47号第17条。】

第三十四条　职业病防护设施维护与保养要求。应当对职业病防护设备、应急救援设施进行经常性的维护、检修和保养，定期检测其性能和效果，确保其技术效果与性能参数持续符合设计规定的要求，不得擅自拆除或者停止使用。

【职业病防护设施维护与保养：《职业病防治法》第26条；安监总局令第47号第18条。】

（一）对各种防尘毒设备的技术效果和性能参数定期进行综合评价，防尘设备每1～2年进行一次，防毒设备每2～3年进行一次，对于高毒工作场所的防护设备至少每半年进行一次。

【防尘毒设施评价：《黑色金属冶炼及压延加工业职业卫生防护技术规范》（GBZ/T 231）6.4.1.5。】

（二）高温、热辐射危害防护设施的防护效果应进行定期评价。通过对高温工作场所气温、相对湿度、风速和热辐射的监测，评价高温、热辐射危害防护设施是否满足对热环境条件的要求，评价每年至少一次。

【防高温设施评价：《黑色金属冶炼及压延加工业职业卫生防护技术规范》（GBZ/T 231）6.2.2.3.1。】

第三十五条　个体防护装备配备要求。非煤矿山行业用人单位工作场所职业病危害经采用卫生工程防护措施，预期劳动者接触浓度（强度）仍不符合要求的，必须按照《个体防护装备选用规范》（GB/T 11651）、《个体防护装备配备基本要求》（GB/T 29510）和《劳动防护用品配备标准》（国经贸安全〔2000〕189号）的规定，为劳动者配备劳动防护用品，并符合下列要求。

（一）工作场所配用的特种劳动防护用品必须是加施有特种劳动防护用品安全标志标识的产品。

【安全标志标识：安监总局令第1号第18条。】

（二）不得以货币或者其他物品替代应当按规定配备的劳动防护用品。

【不得替代劳动防护用品：安监总局令第 1 号第 15 条。】

（三）接触粉尘作业配备的防尘口罩，不得用纱布口罩代替。

【纱布口罩不得用作防尘：国经贸安全〔2000〕189 号。】

（四）防毒护具根据劳动者可能接触毒物的种类，选择相应的滤毒罐（盒），并按产品使用说明定期更换。

【防毒护具滤毒罐（盒）要求：国经贸安全〔2000〕189 号。】

（五）综合性作业应根据作业特点选择多功能防护用品。没有相应的多功能防护用品的，应按其主要作业配备劳动防护用品。如配备的劳动防护用品在从事其他作业时确实不能适用的，应另配或借用所需的其他劳动防护用品。

【多工种作业防护：国经贸安全〔2000〕189 号。】

（六）按规定配备的劳动防护用品，国家和行业尚单独发布有选用规范或标准的，应一体执行，以保证该防护用品配备达到最佳防护效果。

【行业差异性配置：国经贸安全〔2000〕189 号。】

石油天然气行业选用规范：《石油工业作业场所劳动防护用具配备要求》SYT 6524。

（七）可能泄漏有毒有害气体的作业场所，除对作业人员配备常规劳动防护用品外，还应在现场醒目处放置必需的防毒护具，以备逃生、抢救时应急使用。

【有毒有害气体作业场所特别配置：国经贸安全〔2000〕189 号。】

（八）劳动者在工作场所未按规定佩戴和使用劳动防护用品的，不得上岗作业。

【劳动者未按规定采取个人防护的不得上岗：安监总局令第 1 号第 19 条。】

（九）个体防护装备按产品说明书的规定进行维护和保养，按《个体防护装备选用规范》的规定判定作废。

【维护、保养与判废：《个体防护装备选用规范》（GB 11651）7.1、7.2；《个体防护装备配备基本要求》（GB/T 29510）8.17。】

（十）非煤矿山行业主要作业类别和典型工种个体防护装备配备见表 4。

表 4 非煤矿山行业个体防护装备配备规定

作业类别	典型工种	一般个体防护装备			特种个体防护装备			其他
		装备 1	装备 2	装备 3	装备 1	装备 2	装备 3	
井下作业	采矿工							
噪声作业	风机工							

第三十六条 工作场所职业病危害告知和警示要求。

（一）可能产生职业病危害的工作场所，应当以公告栏、警示标识、告知卡、警示说明等方式，告知和警示劳动者在该工作场所可能接触到的职业病危害，以及预防和应急处置办法。

【告知和警示一般要求:《用人单位职业病危害告知与警示标识管理规范》（安监总厅安健〔2014〕111 号）第 4 条、第 13 条、第 16 条、第 17 条。】

（二）在工作场所入口处醒目位置设置公告栏和警示标识。公告栏公布该工作场所存在的职业病危害因素和健康危害、涉及的岗位、接触限值和最新检测结果，以及应急救援措施等内容。设置的警示标识对应于该工作场所存在的全部职业病危害因素。

【公告栏内容:《用人单位职业病危害告知与警示标识管理规范》（安监总厅安健〔2014〕111 号）第 10 条。】

公告内容发生变动后应及时更新。职业病危害因素检测结果应在收到检测报告 7 日内更新。生产工艺发生变更，应在完成后 7 日内补充完善相应的公告内容与警示标识。

【公告栏更新:《用人单位职业病危害告知与警示标识管理规范》（安监总厅安健〔2014〕111 号）第 32 条。】

（三）工作场所内存在有毒物品作业和放射危害作业的区域应划设警示线。生产、使用有毒物品设置黄色区域警示线；生产、使用高毒、剧毒物品工作场所设置红色区域警示线。开放性放射工作场所监督区设置黄色区域警示线，控制区设置红色区域警示线。室外、野外放射工作场所应设置相应警示线。

【区域警示:《用人单位职业病危害告知与警示标识管理规范》(安监总厅安健〔2014〕111号)第14条、第15条。】

高毒、剧毒物品作业区域应急撤离通道设置“紧急出口”，泄险区启用时应设置“禁止入内”“禁止停留”等警示标识。

【区域警示:《用人单位职业病危害告知与警示标识管理规范》(安监总厅安健〔2014〕111号)第21条。】

(四)使用可能产生职业病危害的材料、设备的作业岗位，必须设置醒目的警示标识和中文警示说明。对有危害材料的警示说明应当载明产品特性、主要成分、存在的有害因素、可能产生的危害后果、安全使用注意事项、职业病防护以及应急救治措施等内容。对有危害设备的警示说明设置在设备醒目位置，应当载明设备性能、可能产生的职业病危害、安全操作和维护注意事项、职业病防护，以及应急救治措施等内容。

【警示标识与中文警示说明:《用人单位职业病危害告知与警示标识管理规范》(安监总厅安健〔2014〕111号)第13条、第19条。】

产生严重职业病危害的作业岗位，还应当在其醒目位置设置职业病危害告知卡。告知卡应当标明职业病危害因素名称、理化特性、健康危害、接触限值、防护措施、应急处理及急救电话、职业病危害因素检测结果和检测时间等。

【告知卡警示:《用人单位职业病危害告知与警示标识管理规范》(安监总厅安健〔2014〕111号)第16条。】

(五)贮存可能产生职业病危害的化学品、放射性同位素和含有放射性物质材料的场所，应当在入口处和存放处设置“当心中毒”“当心电离辐射”“非工作人员禁止入内”等警示标识。

【特殊场所警示:《用人单位职业病危害告知与警示标识管理规范》(安监总厅安健〔2014〕111号)第18条。】

(六)警示标识的规格要求等按照《工作场所职业病危害警示标识》执行。

【警示标识的规格:《用人单位职业病危害告知与警示标识管理规范》(安监总厅安健〔2014〕111号)第31条;《工作场所职业病危害警示标识》

（GBZ 158）。】

第四节　用人单位的权利

第三十七条　非煤矿山行业用人单位有权根据本单位生产规模、工艺特性、生产组织模式制订职业病防治规划和年度计划，并组织实施。

【自主自力提高职业病防治水平：《职业病防治法》第 3 条、第 4 条、第 5 条、第 21 条。】

第三十八条　职业病防治工作需要的职业卫生技术服务，包括医疗性技术服务和非医疗性技术服务。用人单位有权自主选择有相应资质的机构提供服务。

【职业卫生技术服务机构选择权：《职业病防治法》第 19 条。】

第三十九条　用人单位有权要求劳动者参加本单位职业病防治工作，约束劳动者遵守职业卫生规章制度和岗位操作规程；有权对劳动者违反制度、违章操作的行为给予制止和处罚。

【对劳动者的约束：《职业病防治法》第 5 条、第 35 条。】

第三章　工会与劳动者的权利和义务

第四十条　非煤矿山行业用人单位工会有权监督用人单位严格遵守国家职业病防治法律、法规，防止和纠正侵犯劳动者职业卫生合法权益的行为；参与用人单位制定和修改职业卫生规章制度，对用人单位的职业病防治工作提出意见和建议。

【监督、维法与建议权：《职业病防治法》第 4 条、第 41 条。】

第四十一条　用人单位工会有权对用人单位建设项目职业病防护设施“三同时”进行监督，参加相关的论证和评审活动。

【建设项目“三同时”监督：《工会法》第 23 条。】

第四十二条　用人单位工会有权纠正违章指挥、强令工人冒险作业和没有职业病防护措施作业的行为。发现明显职业病危害时，工会有权提出改正意见；发现危及职工生命安全的情况时，工会有权向用人单位建议组织劳动者撤离危险场所。

用人单位发生职业病危害事故，工会有权参加事故调查，提出处理意见并要求追究有关人员的责任。

【工作现场维法权、参加事故调查处理权:《职业病防治法》第41条;《工会法》第24条、第26条。】

第四十三条 工会支持用人单位加强职业卫生管理。通过开展群众性的“安康杯”竞赛、“安全生产月”、“职业病防治周”等活动，教育劳动者严格遵守用人单位的各项职业卫生规章制度和操作规程，不断提高劳动者的职业卫生技术素质和自我防护意识。

【协助用人单位开展职业病防治工作:《职业病防治法》第41条;《工会法》第30条、第31条。】

第四十四条 劳动者享有职业病危害知情权，受教育、培训权，接受职业健康检查、职业病诊疗康复权，参与民主管理权。有权要求用人单位提供有效的职业病防护设施和防护装备，拒绝违章指挥和强令冒险作业，对危及安全健康的行为提出批评、检举和控告。

劳动者作业过程中发现直接危及人身安全健康的紧急情况时，有权停止作业或者在采取可能的应急措施后撤离作业场所，并及时向现场负责人报告。

【劳动者权利:《职业病防治法》第4条、第40条。】

第四十五条 劳动者应当主动参与本单位的职业病防治工作，学习和掌握本职工作所需的职业卫生知识，提高职业病防护操作技能，增强事故预防和应急处理能力。上岗前职业病防治培训不合格的，不得上岗作业；定期职业病防治培训不合格的，停止其现岗位作业。

作业过程中，劳动者应当严格执行用人单位职业卫生规章制度和操作规程，听从指挥，服从管理，正确佩戴和使用防护装备。

【劳动者义务:《职业病防治法》第35条。】

第四章 监督检查与违约责任

第四十六条 由用人单位方代表和工会方代表组成职业卫生专项合同履行检查组，每季度或半年对专项合同履行情况进行一次检查。检查中发现的问题，应及时整改，整改情况以书面形式提交双方首席代表。

第四十七条 企业职代会对专项集体合同履行情况进行民主监督，工会定期向职工代表大会报告专项集体合同履行的检查情况。

第四十八条 对违反国家职业病防治法律、法规和相关标准，未能限期整改或整改不达标的可由政府有关部门对责任单位或责任人依法进行行政处罚，并责令再次限期整改，直至企业和工会联合检查验收合格。

第五章 附 则

第四十九条 《职业病防治专项集体合同》草案，应提交职工代表大会或全体职工大会讨论通过，并经双方首席代表签字后于10日内报送劳动保障部门审查备案，15天内劳动保障部门未提出异议的，专项合同即行生效。如果劳动保障部门提出异议，双方应按照协商和签订的程序规定对异议部分依法进行修改，之后重新报送劳动保障部门审查备案。专项集体合同正式生效后，应报送上一级工会。

第五十条 本合同签字生效后，及时向全体职工公布专项集体合同文本。

第五十一条 本合同有效期____年，自____年____月____日起至____年____月____日止。专项集体合同期满前90日内，任何一方均可向对方提出重签和续签的要求。

第五十二条 专项集体合同未尽事宜由双方协商解决，协商达成一致的书面意见经相关法定程序通过后，可作为专项集体合同的附件一并执行。

第五十三条 因履行专项集体合同发生的争议，双方协商解决不成的，可以依法向劳动争议仲裁委员会申请仲裁。

企业（章）：

企业方首席代表

（签字）：

年 月 日

工会（章）：

职工方首席代表

（签字）：

年 月 日

附件

附件 1　非煤矿山行业工作场所主要工序职业病危害告知信息

非煤矿山行业工作场所主要工序职业病危害告知信息见附表 1.1 ~ 1.4。

附表 1 说明：

①附表 1 格式与项目引自《用人单位职业病危害告知与警示标识管理规范》（安监总厅安健〔2014〕111 号）规定。

②“工序”“职业病危害因素”“可能引起的法定职业病”自《职业病危害因素分类目录》（卫法监发〔2002〕63 号）导出。因时间变化，工艺和技术发展，职业病危害因素行业举例可能出现变化。故实际引用时，应征询本单位主管职能部门意见，对主要工序职业病危害因素进行订正后方可使用。

③“职业病防护措施”参照相关技术规范确定。

④“职业禁忌证”引用《职业健康监护技术规范》（GBZ 188-2014）规定。

附表 1.1　石油和天然气开采业主要工序职业病危害告知信息

工序	职业病危害因素	可能引起的法定职业病	职业病防护措施	职业禁忌证
井架安装	高温	中暑	降温措施；护目镜或面罩；热防护服	未控高血压；未控甲亢症；未控糖尿病；慢性肾炎；癫痫；全身瘢痕面积≥ 20%
	低温	冻伤	取暖措施；防寒帽、服装、手套、鞋	

续 表

工序	职业病危害因素	可能引起的法定职业病	职业病防护措施	职业禁忌证
压汞实验	汞	汞及其化合物中毒	密闭；通风；局部机械排风；防毒口罩	中枢神经系统器质性疾病；慢性肾脏疾病；已确诊并仍需医学监护的精神障碍性疾病
钻井	高温	职业性中暑	降温措施；护目镜或面罩；热防护服	未控高血压；未控甲亢症；未控糖尿病；慢性肾炎；癫痫；全身瘢痕面积≥ 20%
	低温	冻伤	取暖措施；防寒帽、服装、手套、鞋	
	电离辐射	职业性放射性疾病	警示、隔离；防放射性护目镜、服装、手套	GBZ 98：4.1~4.12 规定
		白内障		
	噪声	噪声聋	防噪设施；耳塞（耳罩）	GBZ 188：7.1.1.1（上岗），7.1.2.1（在岗）所列
	局部振动	手臂振动病	减振装置；防振手套	多发性周围神经病，雷诺病（上岗）
	硫化氢	硫化氢中毒	密闭；通风；局部机械排风；报警器；防毒口罩	中枢神经系统器质性疾病
测井	电离辐射	职业性放射性疾病	警示、隔离；防放射性护目镜、服装、手套	GBZ 98：4.1~4.12 规定
		白内障		
采油	硫化氢	硫化氢中毒	密闭；通风；局部机械排风；报警器；防毒口罩	中枢神经系统器质性疾病
	噪声	职业性噪声聋	防噪设施；耳塞（耳罩）	GBZ 188：7.1.1.1（上岗），7.1.2.1（在岗）所列
	局部振动	手臂振动病	减振装置；防振手套	多发性周围神经病，雷诺病（上岗）

续 表

工序	职业病危害因素	可能引起的法定职业病	职业病防护措施	职业禁忌证
转油	硫化氢	硫化氢中毒	密闭；通风；局部机械排风；报警器；防毒口罩	中枢神经系统器质性疾病
	噪声	噪声聋	防噪设施；耳塞（耳罩）	GBZ 188：7.1.1.1（上岗），7.1.2.1（在岗）所列
	局部振动	手臂振动病	减振装置；防振手套	多发性周围神经病，雷诺病（上岗）
气体净化	氨	氨中毒	密闭；通风；局部机械排风；报警器；防毒口罩	上岗：慢性阻塞性肺病；支气管哮喘；慢性间质性肺病 在岗：支气管哮喘；慢性间质性肺病
	硫化氢	硫化氢中毒		中枢神经系统器质性疾病
	噪声	噪声聋	防噪设施；耳塞（耳罩）	GBZ 188：7.1.1.1（上岗），7.1.2.1（在岗）所列
	局部振动	手臂振动病	减振装置；防振手套	多发性周围神经病，雷诺病（上岗）
油层物性分析	甲苯	甲苯中毒	密闭；通风；局部机械排风；洗淋装置；防毒口罩	上岗：血常规异常（白细胞 $< 4\times10^9$/L 或中性细胞 $< 2\times10^9$/L；血小板 $< 8\times10^{10}$/L）；造血系统疾病 在岗：造血系统疾病
	四氯化碳	四氯化碳中毒、职业性中毒性肝病		慢性肝病
泥浆配制	矽尘	矽肺	通风；密闭；湿式作业；局部机械除尘；防尘口罩	活动性肺结核病；慢性阻塞性肺病；慢性间质性肺病；伴肺功能损害的疾病

续 表

工序	职业病危害因素	可能引起的法定职业病	职业病防护措施	职业禁忌证
重矿鉴定	二甲苯	二甲苯中毒	密闭；通风；局部机械排风；防毒口罩	上岗：血常规异常（白细胞 < 4×10^9/L 或中性细胞 < 2×10^9/L；血小板 < 8×10^{10}/L）；造血系统疾病。 在岗：造血系统疾病
地质磨片	矽尘	矽肺	通风；密闭；湿式作业；局部机械除尘；防尘口罩	活动性肺结核病；慢性阻塞性肺病；慢性间质性肺病；伴肺功能损害的疾病
	二甲苯	二甲苯中毒	密闭；通风；局部机械排风；防毒口罩	上岗：血常规异常（白细胞 < 4×10^9/L 或中性细胞 < 2×10^9/L；血小板 < 8×10^{10}/L）；造血系统疾病 在岗：造血系统疾病
酸化作业	盐酸	化学性灼伤；牙酸蚀病	密闭；通风；局部机械排风；喷淋洗眼装置；防腐蚀护目镜、口罩、工作服、手套、鞋	上岗：牙酸蚀病；支气管哮喘；慢性阻塞性肺病 在岗：慢性阻塞性肺病
	氢氟酸			
	硝酸			
井下维修	高温	中暑	通风；降温措施；护目镜或面罩；热防护服	未控高血压；未控甲亢症；未控糖尿病；慢性肾炎；癫痫；全身瘢痕面积≥20%
	氟及其化合物	氟及其无机化合物中毒	密闭；通风；局部机械排风；防毒口罩	地方性氟病，骨关节病

附表 1.2 黑色金属矿采选业主要工序职业病危害告知信息

工序	职业病危害因素	可能引起的法定职业病	职业病防护措施	职业禁忌证
穿孔、挖掘、装载、运输、破碎、筛选	矽尘	矽肺	通风；喷雾；洒水；湿式作业；局部机械除尘；防尘口罩	活动性肺结核病；慢性阻塞性肺病；慢性间质性肺病；伴肺功能损害的疾病
	锰尘	锰及其化合物中毒		中枢神经系统器质性疾病；确诊并需医学监护的精神障碍性疾病
	铬及其化合物、铬酸盐	铬鼻病		慢性皮肤溃疡；萎缩性鼻炎
	噪声	噪声聋	防噪设施；耳塞（耳罩）	GBZ 188：7.1.1.1（上岗），7.1.2.1（在岗）所列
	局部振动	手臂振动病	减振装置；防振手套	上岗：多发性周围神经病；雷诺病 在岗：多发性周围神经病
爆破	矽尘	矽肺	通风；喷雾；洒水；湿式作业；局部机械除尘；防尘口罩	活动性肺结核病；慢性阻塞性肺病；慢性间质性肺病；伴肺功能损害的疾病
	锰尘	锰及其化合物中毒		中枢神经系统器质性疾病；确诊并需医学监护的精神障碍性疾病
	铬及其化合物、铬酸盐	铬鼻病		慢性皮肤溃疡；萎缩性鼻炎
	氮氧化物	氮氧化物中毒	通风；局部机械排风；报警器；防毒口罩	上岗：慢性阻塞性肺病；慢性间质性肺病；支气管哮喘 在岗：慢性间质性肺病；支气管哮喘
	一氧化碳	一氧化碳中毒		中枢神经系统器质性疾病
	噪声	噪声聋	防噪设施；耳塞（耳罩）	GBZ 188：7.1.1.1（上岗），7.1.2.1（在岗）所列

续 表

工序	职业病危害因素	可能引起的法定职业病	职业病防护措施	职业禁忌证
爆破	局部振动	手臂振动病	减振装置；防振手套	上岗：多发性周围神经病；雷诺病 在岗：多发性周围神经病
回填	矽尘	矽肺	通风；喷雾；洒水；防尘口罩	活动性肺结核病；慢性阻塞性肺病；慢性间质性肺病；伴肺功能损害的疾病
	锰尘	锰及其化合物中毒		中枢神经系统器质性疾病；确诊并需医学监护的精神障碍性疾病
	铬及其化合物、铬酸盐	铬鼻病		慢性皮肤溃疡；萎缩性鼻炎
支护	矽尘	矽肺	通风；喷雾；洒水；局部机械除尘；防尘口罩	活动性肺结核病；慢性阻塞性肺病；慢性间质性肺病；伴肺功能损害的疾病
	水泥尘	水泥尘肺		
	锰尘	锰及其化合物中毒		中枢神经系统器质性疾病；确诊并需医学监护的精神障碍性疾病
	铬及其化合物、铬酸盐	铬鼻病		慢性皮肤溃疡；萎缩性鼻炎
采矿辅助	矽尘	矽肺	通风；喷雾；洒水；局部机械除尘；防尘口罩	活动性肺结核病；慢性阻塞性肺病；慢性间质性肺病；伴肺功能损害的疾病
	锰尘	锰及其化合物中毒		中枢神经系统器质性疾病；确诊并需医学监护的精神障碍性疾病
	铬及其化合物、铬酸盐	铬鼻病		慢性皮肤溃疡；萎缩性鼻炎

续 表

工序	职业病危害因素	可能引起的法定职业病	职业病防护措施	职业禁忌证
采矿辅助	三硝基甲苯	三硝基甲苯中毒	密闭；通风；局部机械排风；洗淋装置；防毒口罩	慢性肝病；白内障
		职业性中毒性肝病		
		白内障		
矿石脱水、干燥	高温及热辐射	中暑	通风；降温措施；护目镜或面罩；热防护服	未控高血压；未控甲亢症；未控糖尿病；慢性肾炎；癫痫；全身瘢痕面积≥ 20%
	噪声	噪声聋	防噪设施；耳塞（耳罩）	GBZ 188：7.1.1.1（上岗），7.1.2.1（在岗）所列
磨矿、重选、磁选	矽尘	矽肺	通风；喷雾；洒水；湿式作业；局部机械除尘；防尘口罩	活动性肺结核病；慢性阻塞性肺病；慢性间质性肺病；伴肺功能损害的疾病
	锰尘	锰及其化合物中毒		中枢神经系统器质性疾病；确诊并需医学监护的精神障碍性疾病
	铬及其化合物、铬酸盐	铬鼻病		慢性皮肤溃疡；萎缩性鼻炎
	噪声	噪声聋	防噪设施；耳塞（耳罩）	GBZ 188：7.1.1.1（上岗），7.1.2.1（在岗）所列
浮选	矽尘	矽肺	通风；局部机械除尘；防尘口罩	活动性肺结核病；慢性阻塞性肺病；慢性间质性肺病；伴肺功能损害的疾病
	锰尘	锰及其化合物中毒		中枢神经系统器质性疾病；确诊并需医学监护的精神障碍性疾病
	铬及其化合物、铬酸盐	铬鼻病		慢性皮肤溃疡；萎缩性鼻炎

续 表

工序	职业病危害因素	可能引起的法定职业病	职业病防护措施	职业禁忌证
浮选	二硫化碳	二硫化碳中毒	密闭；通风；局部机械排风；洗淋装置；防毒口罩	中枢神经系统器质性疾病；多发性周围神经疾病；视网膜病变
	噪声	噪声聋	防噪设施；耳塞（耳罩）	GBZ 188：7.1.1.1（上岗），7.1.2.1（在岗）所列
选矿辅助	矽尘	矽肺	通风；湿式作业；局部机械除尘；防尘口罩	活动性肺结核病；慢性阻塞性肺病；慢性间质性肺病；伴肺功能损害的疾病
	锰尘	锰及其化合物中毒		中枢神经系统器质性疾病；确诊并需医学监护的精神障碍性疾病

附表 1.3　有色金属矿采选业主要工序职业病危害告知信息

工序	职业病危害因素	可能引起的法定职业病	职业病防护措施	职业禁忌证
穿孔、挖掘、装载、运输、破碎、筛选	矽尘	矽肺	通风；喷雾；洒水；湿式作业；局部机械除尘；防尘口罩	活动性肺结核病；慢性阻塞性肺病；慢性间质性肺病；伴肺功能损害的疾病
	石棉尘	石棉肺		
	铝尘	铝尘肺		
	汞	汞及其化合物中毒		中枢神经系统器质性疾病；慢性肾脏疾病；已确诊并仍需医学监护的精神障碍性疾病
	砷及其化合物（不包括砷化氢）	砷及其化合物中毒		慢性肝病；多发性周围神经病；严重慢性皮肤疾病

续 表

工序	职业病危害因素	可能引起的法定职业病	职业病防护措施	职业禁忌证
穿孔、挖掘、装载、运输、破碎、筛选	放射性物质（电离辐射）	职业性放射性疾病	警示、隔离；通风；防放射性护目镜、服装、手套	GBZ 98：4.1~4.12 规定
		白内障		
	噪声	噪声聋	防噪设施；耳塞（耳罩）	GBZ 188：7.1.1.1（上岗），7.1.2.1（在岗）所列
	局部振动	手臂振动病	减振装置；防振手套	上岗：多发性周围神经病；雷诺病 在岗：多发性周围神经病
爆破	矽尘	矽肺	通风；喷雾；洒水；局部机械除尘；防尘口罩	活动性肺结核病；慢性阻塞性肺病；慢性间质性肺病；伴肺功能损害的疾病
	石棉尘	石棉肺		
	铝尘	铝尘肺		
	汞	汞及其化合物中毒		中枢神经系统器质性疾病；慢性肾脏疾病；已确诊并仍需医学监护的精神障碍性疾病
	砷及其化合物（不包括砷化氢）	砷及其化合物中毒		慢性肝病；多发性周围神经病；严重慢性皮肤疾病
	电离辐射	职业性放射性疾病	警示、隔离；通风；防放射性护目镜、服装、手套	GBZ 98：4.1~4.12 规定
		白内障		
	氮氧化物	氮氧化物中毒	密闭；通风；局部机械排风；报警器；防毒口罩	上岗：慢性阻塞性肺病；慢性间质性肺病；支气管哮喘 在岗：慢性间质性肺病；支气管哮喘
	一氧化碳	一氧化碳中毒		中枢神经系统器质性疾病
	噪声	噪声聋	防噪设施；耳塞（耳罩）	GBZ 188：7.1.1.1（上岗），7.1.2.1（在岗）所列

续 表

工序	职业病危害因素	可能引起的法定职业病	职业病防护措施	职业禁忌证
爆破	局部振动	手臂振动病	减振装置；防振手套	上岗：多发性周围神经病；雷诺病 在岗：多发性周围神经病
回填	矽尘	矽肺	通风；喷雾；洒水；防尘口罩	活动性肺结核病；慢性阻塞性肺病；慢性间质性肺病；伴肺功能损害的疾病
	石棉尘	石棉肺		
	铝尘	铝尘肺		
	汞	汞及其化合物中毒		中枢神经系统器质性疾病；慢性肾脏疾病；已确诊并仍需医学监护的精神障碍性疾病
	砷及其化合物（不包括砷化氢）	砷及其化合物中毒		慢性肝病；多发性周围神经病；严重慢性皮肤疾病
	电离辐射	职业性放射性疾病	警示、隔离；通风；防放射性护目镜、服装、手套	GBZ 98：4.1~4.12 规定
		白内障		
支护	矽尘	矽肺	通风；喷雾；洒水；局部机械除尘；防尘口罩	活动性肺结核病；慢性阻塞性肺病；慢性间质性肺病；伴肺功能损害的疾病
	石棉尘	石棉肺		
	水泥尘	水泥尘肺		
	铝尘	铝尘肺		
	汞	汞及其化合物中毒		中枢神经系统器质性疾病；慢性肾脏疾病；已确诊并仍需医学监护的精神障碍性疾病
	砷及其化合物（不包括砷化氢）	砷及其化合物中毒		慢性肝病；多发性周围神经病；严重慢性皮肤疾病

续 表

工序	职业病危害因素	可能引起的法定职业病	职业病防护措施	职业禁忌证
支护	电离辐射	职业性放射性疾病	警示、隔离；通风；防放射性护目镜、服装、手套	GBZ 98：4.1~4.12 规定
		白内障		
采矿辅助	矽尘	矽肺	通风；喷雾；洒水；局部机械除尘；防尘口罩	活动性肺结核病；慢性阻塞性肺病；慢性间质性肺病；伴肺功能损害的疾病
	石棉尘	石棉肺		
	铝尘	铝尘肺		
	汞	汞及其化合物中毒		中枢神经系统器质性疾病；慢性肾脏疾病；已确诊并仍需医学监护的精神障碍性疾病
	电离辐射	职业性放射性疾病	警示、隔离；通风；防放射性护目镜、服装、手套	GBZ 98：4.1~4.12 规定
		白内障		
矿石干燥	高温及热辐射	中暑	通风；降温措施；护目镜或面罩；热防护服	未控高血压；未控甲亢症；未控糖尿病；慢性肾炎；癫痫；全身瘢痕面积≥ 20%
	噪声	噪声聋	防噪设施；耳塞（耳罩）	GBZ 188：7.1.1.1（上岗），7.1.2.1（在岗）所列
脱水	噪声	噪声聋	防噪设施；耳塞（耳罩）	GBZ 188：7.1.1.1（上岗），7.1.2.2（在岗）所列
磨矿、重选、磁选	矽尘	矽肺	通风；喷雾；洒水；湿式作业；局部机械除尘；防尘口罩	活动性肺结核病；慢性阻塞性肺病；慢性间质性肺病；伴肺功能损害的疾病
	石棉尘	石棉肺		
	铝尘	铝尘肺		
	汞	汞及其化合物中毒		中枢神经系统器质性疾病；慢性肾脏疾病；已确诊并仍需医学监护的精神障碍性疾病

续 表

<table>
<tr><th>工序</th><th>职业病
危害因素</th><th>可能引起的
法定职业病</th><th>职业病防护措施</th><th>职业禁忌证</th></tr>
<tr><td rowspan="4">磨矿、重选、磁选</td><td>砷及其化合物（不包括砷化氢）</td><td>砷及其化合物中毒</td><td>通风；喷雾；洒水；湿式作业；局部机械除尘；防尘口罩</td><td>慢性肝病；多发性周围神经病；严重慢性皮肤疾病</td></tr>
<tr><td rowspan="2">电离辐射</td><td>职业性放射性疾病</td><td rowspan="2">警示、隔离；通风；防放射性护目镜、服装、手套</td><td rowspan="2">GBZ 98：4.1~4.12 规定</td></tr>
<tr><td>白内障</td></tr>
<tr><td>噪声</td><td>噪声聋</td><td>防噪设施；耳塞（耳罩）</td><td>GBZ 188：7.1.1.1（上岗），7.1.2.1（在岗）所列</td></tr>
<tr><td rowspan="9">浮选</td><td>矽尘</td><td>矽肺</td><td rowspan="3">通风；局部机械除尘；防尘口罩</td><td rowspan="3">活动性肺结核病；慢性阻塞性肺病；慢性间质性肺病；伴肺功能损害的疾病</td></tr>
<tr><td>石棉尘</td><td>石棉肺</td></tr>
<tr><td>铝尘</td><td>铝尘肺</td></tr>
<tr><td>二硫化碳</td><td>二硫化碳中毒</td><td rowspan="3">密闭；通风；局部机械排风；洗淋装置；防毒口罩</td><td>中枢神经系统器质性疾病；多发性周围神经疾病；视网膜病变</td></tr>
<tr><td>汞</td><td>汞及其化合物中毒</td><td>中枢神经系统器质性疾病；慢性肾脏疾病；已确诊并仍需医学监护的精神障碍性疾病</td></tr>
<tr><td>砷及其化合物（不包括砷化氢）</td><td>砷及其化合物中毒</td><td>慢性肝病；多发性周围神经病；严重慢性皮肤疾病</td></tr>
<tr><td rowspan="2">电离辐射</td><td>职业性放射性疾病</td><td rowspan="2">警示、隔离；通风；防放射性护目镜、服装、手套</td><td rowspan="2">GBZ 98：4.1~4.12 规定</td></tr>
<tr><td>白内障</td></tr>
<tr><td>噪声</td><td>噪声聋</td><td>防噪设施；耳塞（耳罩）</td><td>GBZ 188：7.1.1.1（上岗），7.1.2.1（在岗）所列</td></tr>
</table>

续 表

工序	职业病危害因素	可能引起的法定职业病	职业病防护措施	职业禁忌证
选矿、药剂制取	硫化氢	硫化氢中毒	密闭；通风；局部机械排风；洗淋装置；报警器；防毒口罩	中枢神经系统器质性疾病
	二硫化碳	二硫化碳中毒		中枢神经系统器质性疾病；多发性周围神经疾病；视网膜病变
	甲苯	甲苯中毒		上岗：血常规异常（白细胞 < 4×10^9/L 或中性细胞 < 2×10^9/L；血小板 < 8×10^{10}/L）；造血系统疾病 在岗：造血系统疾病
	甲基苯胺	苯的氨基及硝基化合物（不包括三硝基甲苯）中毒		慢性肝病
	硝基甲苯			
选矿辅助	矽尘	矽肺	通风；湿式作业；局部机械除尘；防尘口罩	活动性肺结核病；慢性阻塞性肺病；慢性间质性肺病；伴肺功能损害的疾病
	石棉尘	石棉肺		
	铝尘	铝尘肺		
	汞	汞及其化合物中毒		中枢神经系统器质性疾病；慢性肾脏疾病；已确诊并仍需医学监护的精神障碍性疾病
	砷及其化合物（不包括砷化氢）	砷及其化合物中毒		慢性肝病；多发性周围神经病；严重慢性皮肤疾病
	电离辐射	职业性放射性疾病	警示、隔离；通风；防放射性护目镜、服装、手套	GBZ 98：4.1~4.12 规定
		白内障		

附表 1.4　非金属矿采选业主要工序职业病危害告知信息

工序	职业病危害因素	可能引起的法定职业病	职业病防护措施	职业禁忌证
打孔、挖掘、装载、破碎、	矽尘（土砂石矿、化学矿、非金属矿）	矽肺	通风；喷雾；洒水；湿式作业；局部机械除尘；防尘口罩	活动性肺结核病；慢性阻塞性肺病；慢性间质性肺病；伴肺功能损害的疾病
	石墨尘（石墨矿）	石墨尘肺		
	石棉尘（非金属矿）	石棉肺		
	滑石尘（滑石矿）	滑石尘肺		
	云母尘（云母矿）	云母尘肺		
	陶瓷尘（土砂石矿）	陶瓷尘肺		
	磷及其化合物（化学矿，不包括磷化氢、磷化锌、磷化铝）	磷及其化合物中毒	通风；喷雾；洒水；湿式作业；局部机械除尘；防尘口罩	牙本质病变（不含龋齿）；下颌骨疾病；慢性肝病
	砷及其化合物（化学矿，不包括砷化氢）	砷及其化合物中毒		慢性肝病；多发性周围神经病；严重慢性皮肤疾病
	氟及其化合物（化学矿）	氟及其无机化合物中毒		地方性氟病；骨关节疾病
	噪声	噪声聋	防噪设施；耳塞（耳罩）	GBZ 188：7.1.1.1（上岗），7.1.2.1（在岗）所列
	局部振动（土砂石打矿、非金属矿）	手臂振动病	减振装置；防振手套	上岗：多发性周围神经病；雷诺病 在岗：多发性周围神经病

续　表

工序	职业病危害因素	可能引起的法定职业病	职业病防护措施	职业禁忌证
爆破	矽尘（土砂石矿、化学矿、非金属矿）	矽肺	通风；喷雾；洒水；局部机械除尘；防尘口罩	活动性肺结核病；慢性阻塞性肺病；慢性间质性肺病；伴肺功能损害的疾病
	石墨尘（石墨矿）	石墨尘肺		
	石棉尘（非金属矿）	石棉肺		
	滑石尘（滑石矿）	滑石尘肺		
	云母尘（云母矿）	云母尘肺		
	陶瓷尘（土砂石矿）	陶瓷尘肺		
	磷及其化合物（化学矿，不包括磷化氢、磷化锌、磷化铝）	磷及其化合物中毒		牙本质病变（不含龋齿）；下颌骨疾病；慢性肝病
	砷及其化合物（化学矿，不包括砷化氢）	砷及其化合物中毒		慢性肝病；多发性周围神经病；严重慢性皮肤疾病
	氟及其化合物（化学矿）	氟及其无机化合物中毒		地方性氟病；骨关节疾病
	氮氧化物	氮氧化物中毒	通风；局部机械排风；报警器；防毒口罩	上岗：慢性阻塞性肺病；慢性间质性肺病；支气管哮喘 在岗：慢性间质性肺病；支气管哮喘
	一氧化碳	一氧化碳中毒		中枢神经系统器质性疾病

续 表

工序	职业病危害因素	可能引起的法定职业病	职业病防护措施	职业禁忌证
爆破	噪声	噪声聋	防噪声设施；耳塞（耳罩）	GBZ 188：7.1.1.1（上岗），7.1.2.1（在岗）所列
	局部振动	手臂振动病	减振装置；防振手套	上岗：多发性周围神经病；雷诺病 在岗：多发性周围神经病
运输、筛选、磨矿	矽尘（土砂石矿、化学矿、非金属矿）	矽肺	密闭；通风；喷雾；洒水；湿式作业；局部机械除尘；防尘口罩	活动性肺结核病；慢性阻塞性肺病；慢性间质性肺病；伴肺功能损害的疾病
	石墨尘（石墨矿）	石墨尘肺		
	石棉尘（非金属矿）	石棉肺		
	滑石尘（滑石矿）	滑石尘肺		
	云母尘（云母矿）	云母尘肺		
	陶瓷尘（土砂石矿）	陶瓷尘肺		
	磷及其化合物（化学矿，不包括磷化氢、磷化锌、磷化铝）	磷及其化合物中毒		牙本质病变（不含龋齿）；下颌骨疾病；慢性肝病
	砷及其化合物（化学矿，不包括砷化氢）	砷及其化合物中毒	密闭；通风；喷雾；洒水；湿式作业；局部机械除尘；防尘口罩	慢性肝病；多发性周围神经病；严重慢性皮肤疾病
	氟及其化合物（化学矿）	氟及其无机化合物中毒		地方性氟病；骨关节疾病
	噪声	噪声聋	防噪设施；耳塞（耳罩）	GBZ 188：7.1.1.1（上岗），7.1.2.1（在岗）所列

续 表

工序	职业病危害因素	可能引起的法定职业病	职业病防护措施	职业禁忌证
回填、选矿辅助	矽尘（化学矿、非金属矿）	矽肺	通风；喷雾；洒水；局部机械除尘；防尘口罩	活动性肺结核病；慢性阻塞性肺病；慢性间质性肺病；伴肺功能损害的疾病
	石墨尘（石墨矿）	石墨尘肺		
	石棉尘（非金属矿）	石棉肺		
	滑石尘（滑石矿）	滑石尘肺		
	云母尘（云母矿）	云母尘肺		
	磷及其化合物（化学矿，不包括磷化氢、磷化锌、磷化铝）	磷及其化合物中毒		牙本质病变（不含龋齿）；下颌骨疾病；慢性肝病
	砷及其化合物（化学矿，不包括砷化氢）	砷及其化合物中毒		慢性肝病；多发性周围神经病；严重慢性皮肤疾病
	氟及其化合物（化学矿）	氟及其无机化合物中毒		地方性氟病；骨关节疾病
支护	矽尘（化学矿、非金属矿）	矽肺	通风；喷雾；洒水；局部机械除尘；防尘口罩	活动性肺结核病；慢性阻塞性肺病；慢性间质性肺病；伴肺功能损害的疾病
	水泥尘（化学矿、非金属矿）	水泥尘肺		
	石墨尘（石墨矿）	石墨尘肺		
	石棉尘（非金属矿）	石棉肺		
	滑石尘（滑石矿）	滑石尘肺		
	云母尘（云母矿）	云母尘肺		

续 表

工序	职业病危害因素	可能引起的法定职业病	职业病防护措施	职业禁忌证
支护	磷及其化合物（化学矿，不包括磷化氢、磷化锌、磷化铝）	磷及其化合物中毒	通风；喷雾；洒水；局部机械除尘；防尘口罩	牙本质病变（不含龋齿）；下颌骨疾病；慢性肝病
	砷及其化合物（化学矿，不包括砷化氢）	砷及其化合物中毒		慢性肝病；多发性周围神经病；严重慢性皮肤疾病
	氟及其化合物（化学矿）	氟及其无机化合物中毒		地方性氟病；骨关节疾病
采矿辅助	矽尘（土砂石矿、化学矿、非金属矿）	矽肺	通风；喷雾；洒水；局部机械除尘；防尘口罩	牙本质病变（不含龋齿）；下颌骨疾病；慢性肝病
	石墨尘（石墨矿）	石墨尘肺		
	石棉尘（非金属矿）	石棉肺		
	滑石尘（滑石矿）	滑石尘肺		
	云母尘（云母矿）	云母尘肺		
	陶瓷尘（土砂石矿）	陶瓷尘肺		
	磷及其化合物（化学矿，不包括磷化氢、磷化锌、磷化铝）	磷及其化合物中毒	通风；喷雾；洒水；局部机械除尘；防尘口罩	牙本质病变（不含龋齿）；下颌骨疾病；慢性肝病
	砷及其化合物（化学矿，不包括砷化氢）	砷及其化合物中毒		慢性肝病；多发性周围神经病；严重慢性皮肤疾病
	氟及其化合物（化学矿）	氟及其无机化合物中毒		地方性氟病；骨关节疾病

续 表

工序	职业病危害因素	可能引起的法定职业病	职业病防护措施	职业禁忌证
矿石干燥	高温及热辐射	中暑	通风；降温措施；护目镜或面罩、热防护服	未控高血压；未控甲亢症；未控糖尿病；慢性肾炎；癫痫；全身瘢痕面积≥20%
脱水	噪声	噪声聋	防噪设施；耳塞（耳罩）	GBZ 188：7.1.1.1（上岗），7.1.2.1（在岗）所列
浮选	矽尘（化学矿）	矽肺	密闭；通风；局部机械除尘；防尘口罩	活动性肺结核病；慢性阻塞性肺病；慢性间质性肺病；伴肺功能损害的疾病
	二硫化碳（化学矿）	二硫化碳中毒	通风；局部机械排风；洗淋装置；防毒口罩	中枢神经系统器质性疾病；多发性周围神经疾病；视网膜病变
	噪声	噪声聋	防噪设施；耳塞（耳罩）	GBZ 188：7.1.1.1（上岗），7.1.2.1（在岗）所列
重选	矽尘（化学矿、非金属矿）	矽肺	密闭；通风；局部机械除尘；防尘口罩	活动性肺结核病；慢性阻塞性肺病；慢性间质性肺病；伴肺功能损害的疾病
	石墨尘（石墨矿）	石墨尘肺		
	石棉尘（非金属矿）	石棉肺		
	滑石尘（滑石矿）	滑石尘肺		
	云母尘（云母矿）	云母尘肺		

续　表

工序	职业病危害因素	可能引起的法定职业病	职业病防护措施	职业禁忌证
重选	磷及其化合物（化学矿，不包括磷化氢、磷化锌、磷化铝）	磷及其化合物中毒	密闭；通风；局部机械除尘；防尘口罩	牙本质病变（不含龋齿）；下颌骨疾病；慢性肝病
	砷及其化合物（化学矿，不包括砷化氢）	砷及其化合物中毒		慢性肝病；多发性周围神经病；严重慢性皮肤疾病
	氟及其化合物（化学矿）	氟及其无机化合物中毒		地方性氟病；骨关节疾病
	噪声	噪声聋	防噪设施；耳塞（耳罩）	GBZ 188：7.1.1.1（上岗），7.1.2.1（在岗）所列

附件 2　非煤矿山行业工作场所主要职业病危害因素职业接触限值

非煤矿山行业工作场所主要职业病危害因素职业接触限值见附表 2。

附表 2 说明：该表内容摘自 GBZ 2.1－2007、GBZ 2.2－2007、GB 18871－2002 和 GB/T 14440－1993。

附表 2　非煤矿山行业工作场所主要职业病危害因素职业接触限值

职业病危害因素	成分 / 特性	职业接触限值（OELs，mg/m^3）			备注
		MAC	PC-TWA	PC-STEL	
矽尘	10% ≤游离 SiO_2 含量≤ 50%		总尘：1		GBZ 2.1
			呼尘：0.7		
	50% ＜游离 SiO_2 含量≤ 80%		总尘：0.7		
			呼尘：0.3		
	游离 SiO_2 含量＞ 80%		总尘：0.5		
			呼尘：0.2		
石棉粉尘	石棉含量＞ 10%		0.8		
水泥尘	游离 SiO_2 含量＜ 10%		总尘：4		GBZ 2.1 游离 SiO_2 含量≥ 10% 者，按矽尘容许浓度对待
			呼尘：1.5		
石墨尘	游离 SiO_2 含量＜ 10%		总尘：4		
			呼尘：2		
铝尘	游离 SiO_2 含量＜ 10%		4		
滑石尘	游离 SiO_2 含量＜ 10%		总尘：3		
			呼尘：1		

续 表

职业病危害因素	成分 / 特性	职业接触限值（OELs，mg/m³）			备注
		MAC	PC-TWA	PC-STEL	
云母尘	游离 SiO_2 含量＜10%		总尘：2		GBZ 2.1 游离 SiO_2 含量≥ 10% 者，按矽尘容许浓度对待
			呼尘：1.5		
陶瓷尘	游离 SiO_2 含量＜10%		8		
锰及其无机化合物（按 MnO_2 计）			0.15		
三氧化铬、铬酸盐、重铬酸盐（按 Cr 计）			0.05		
汞－金属汞	蒸气		0.02	0.04	GBZ 2.1
砷及其无机化合物（按 As 计）			0.01	0.02	
磷及其化合物					
氟化物（按 F 计）	不含氟化氢		2		
氨			20	30	
硫化氢		10			GBZ 2.1
二氧化氮			5	10	
一氧化碳	非高原		20	30	GBZ 2.1
	海拔 2000~3000m		20		
	海拔＞ 3000m		15		

续 表

<table>
<tr><th rowspan="2">职业病危害因素</th><th rowspan="2">成分 / 特性</th><th colspan="3">职业接触限值（OELs，mg/m^3）</th><th rowspan="2">备注</th></tr>
<tr><th>MAC</th><th>PC-TWA</th><th>PC-STEL</th></tr>
<tr><td>二硫化碳</td><td></td><td></td><td>5</td><td>10</td><td rowspan="10">GBZ 2.1</td></tr>
<tr><td>四氯化碳</td><td></td><td></td><td>15</td><td>25</td></tr>
<tr><td>甲苯</td><td></td><td></td><td>50</td><td>100</td></tr>
<tr><td>二甲苯</td><td></td><td></td><td>50</td><td>100</td></tr>
<tr><td>N- 甲基苯胺</td><td></td><td></td><td>2</td><td></td></tr>
<tr><td>硝基甲苯</td><td></td><td></td><td>10</td><td></td></tr>
<tr><td>三硝基甲苯</td><td></td><td></td><td>0.2</td><td>0.5</td></tr>
<tr><td>盐酸</td><td></td><td>7.5</td><td></td><td></td></tr>
<tr><td>氢氟酸</td><td>未规定</td><td></td><td></td><td></td></tr>
<tr><td>硝酸</td><td>未规定</td><td></td><td></td><td></td></tr>
<tr><td rowspan="2">电离辐射</td><td>放射性同位素与射线装置</td><td colspan="3">连续 5 年的年平均有效剂量≤ 20mSv，任何一年中的有效剂量≤ 50mSv</td><td rowspan="2">GB 18871</td></tr>
<tr><td>氡及其子体</td><td colspan="3">连续 5 年的年平均有效剂量≤ 0.014J.h/m^3，任何一年中的有效剂量≤ 0.035J.h/m^3</td></tr>
<tr><td>噪声</td><td></td><td colspan="3">8h 或 40h 等效声级 85dB（A）</td><td rowspan="3">GBZ 2.2</td></tr>
<tr><td>局部振动</td><td></td><td colspan="3">4h 等能量频率计权振动加速度 5m/s^2</td></tr>
<tr><td>高温</td><td></td><td colspan="3">按不同接触时间和体劳强度分别规定</td></tr>
<tr><td>低温</td><td></td><td colspan="3">5℃</td><td>GB/T 14440</td></tr>
</table>

附件3　非煤矿山行业劳动者在岗期间职业健康检查规定

非煤矿山行业劳动者在岗期间职业健康检查规定见附表3。

附表3说明：该表内容摘自GBZ 188—2014。

附表3　非煤矿山行业劳动者在岗期间职业健康检查周期

职业病危害因素	检查性质	检查对象	作业危害级别	检查周期	备注
矽尘	强制性	接触劳动者	Ⅰ	2年1次	
			≥Ⅱ	1年1次	
		观察对象		1年1次	连续5年
		矽肺患者		1年1次	病情需要时随时检查
石棉粉尘	强制性	接触劳动者	Ⅰ	2年1次	
			≥Ⅱ	1年1次	
		观察对象		1年1次	连续5年
		石棉肺患者		1年1次	病情需要时随时检查
铝尘（铝、铝矾土、氧化铝）	强制性	接触劳动者	Ⅰ	4年1次	
			≥Ⅱ	2～3年1次	
		观察对象		1年1次	连续5年
		铝尘肺患者		1~2年1次	病情需要时随时检查
水泥尘、石墨尘、滑石尘、云母尘、陶瓷尘	强制性	接触劳动者	Ⅰ	4年1次	
			≥Ⅱ	2～3年1次	
		观察对象		1年1次	连续5年
		尘肺患者		1~2年1次	病情需要时随时检查

续 表

职业病危害因素	检查性质	检查对象	作业危害级别	检查周期	备注
锰及其无机化合物	强制性	接触劳动者		1年1次	
铬及其无机化合物	强制性	接触劳动者		1年1次	
汞及其无机化合物	强制性	接触劳动者	Ⅰ	2年1次	
			≥Ⅱ	1年1次	
砷	强制性	接触劳动者		肝功能检查半年1次	
			Ⅰ	2年1次	
			≥Ⅱ	1年1次	
磷及其化合物	强制性	接触劳动者		肝功能检查半年1次	
				1年1次	
氟及其无机化合物	强制性	接触劳动者		1年1次	
氨	强制性	接触劳动者		1年1次	
氮氧化物	强制性	接触劳动者		1年1次	
一氧化碳	推荐性	接触劳动者		3年1次	
硫化氢	推荐性	接触劳动者		3年1次	
四氯化碳	强制性	接触劳动者		肝功能检查半年1次	
				健康检查3年1次	
二硫化碳	强制性	接触劳动者		1年1次	

续 表

职业病危害因素	检查性质	检查对象	作业危害级别	检查周期	备注
甲苯、二甲苯	强制性	接触劳动者		1年1次	
三硝基甲苯	强制性	接触劳动者		1年1次	
N-甲基苯胺，硝基甲苯	推荐性	接触劳动者		3年1次	
酸雾或酸酐	强制性	接触劳动者		2年1次	
电离辐射	强制性	放射作业劳动者		1~2年1次	
噪声	强制性	接触劳动者	8h或40h等效声级≥85dB(A)	1年1次	
			80dB(A)≤8h或40h等效声级<85dB(A)	2年1次	
局部振动	强制性	接触劳动者		2年1次	
高温	强制性	接触劳动者		1年1次	高温季节到来前检查

附件 4　非煤矿山行业职业病防治专项集体合同文本引用依据

序号	条目名称	制定机构	公布 / 发布	实施时间	备注
公用依据					
1	职业病防治法	全国人大常委会	国家主席令第 60 号	2002-05-01	法律
		全国人大常委会	国家主席令第 52 号	2011-12-31	
2	中华人民共和国工会法	全国人大常委会	国家主席令第 62 号	2001-10-27	法律
3	劳动合同法	全国人大常委会	国家主席令第 73 号	2013-07-01	法律
4	使用有毒物品作业场所劳动保护条例	国务院	国务院令第 352 号	2002-05-12	法规
5	放射性同位素与射线装置安全和防护条例	国务院	国务院令第 449 号	2005-12-01	法规
6	工伤保险条例	国务院	国务院令第 586 号	2011-01-01	法规
7	女职工劳动保护特别规定	国务院	国务院令第 619 号	2012-04-28	法规
8	集体合同规定	劳动和社会保障部	劳动和社会保障部令第 22 号	2004-05-01	规章
9	产业结构调整指导目录	国家发改委	国家发改委令第 21 号	2013-05-01	规章
10	生产安全事故应急预案管理办法	国家安监总局	安监总局令第 17 号	2009-05-01	规章

续 表

序号	条目名称	制定机构	公布/发布	实施时间	备注
11	工作场所职业卫生监督管理规定	国家安监总局	安监总局令第 47 号	2012-06-01	规章
12	用人单位职业健康监护监督管理办法	国家安监总局	安监总局令第 49 号	2012-06-01	规章
13	企业安全生产应急管理九条规定	国家安监总局	安监总局令第 74 号	2015-02-28	规章
14	用人单位职业病危害防治八条规定	国家安监总局	安监总局令第 76 号	2015-03-24	规章
15	职业病诊断与鉴定管理办法	国家卫生部	卫生部令第 91 号	2013-04-10	规章
16	劳动防护用品配备标准（试行）	国家经济贸易委员会	国经贸安全〔2000〕189 号文件	2000-03-06	规范性文件
17	部分工业行业淘汰落后生产工艺装备和产品指导目录（2010 年本）	国家工信部	工产业〔2010〕第 122 号	2010-10-13	规范性文件
18	特种劳动防护用品安全标志实施细则	国家安监总局	安监总规划字〔2005〕149 号	2005-10-13	规范性文件
19	建设项目职业病危害风险分类管理目录	国家安监总局	安监总安健〔2012〕73 号	2012-05-31	规范性文件
20	防暑降温措施管理办法	国家安监总局	安监总安健〔2012〕89 号	2012-06-29	规范性文件
21	职业卫生档案管理规范	国家安监总局	安监总厅安健〔2013〕171 号	2013-12-31	规范性文件

续 表

序号	条目名称	制定机构	公布 / 发布	实施时间	备注
22	用人单位职业病危害告知与警示标识管理规范	国家安监总局	安监总厅安健〔2014〕111号	2014-11-13	规范性文件
23	用人单位职业病危害因素定期检测管理规范	国家安监总局	安监总厅安健〔2015〕16号	2015-02-28	规范性文件
24	职业病危害因素分类目录	国家卫生部	卫法监发〔2002〕63号	2002-03-11	规范性文件
25	职业病分类与目录	国家卫生计生委	国卫疾控发〔2013〕48号	2013-12-23	规范性文件
26	放射工作人员的健康标准 GBZ 98	国家卫生部	2002-04-08	2002-06-01	国家职业卫生标准
27	工作场所职业病危害警示标识 GBZ 158	国家卫生部	2003-06-03	2003-12-01	国家职业卫生标准
28	工作场所有害因素职业接触限值 第1部分：化学有害因素 GBZ 2.1	国家卫生部	2007-04-27	2007-11-01	国家职业卫生标准
29	工作场所有害因素职业接触限值 第2部分：物理因素 GBZ 2.2	国家卫生部	2007-04-12	2007-11-01	国家职业卫生标准
30	工作场所防止职业中毒 卫生工程防护措施规范 GBZ/T 194	国家卫生部	2007-08-13	2008-02-01	国家职业卫生标准

续 表

序号	条目名称	制定机构	公布 / 发布	实施时间	备注
31	密闭空间作业职业危害防护规范 GBZ/T 205	国家卫生部	2007-09-25	2008-03-01	国家职业卫生标准
32	工作场所有毒气体检测报警装置设置规范 GBZT 223	国家卫生部	2009-11-08	2010-06-01	国家职业卫生标准
33	工业企业设计卫生标准 GBZ 1	国家卫生部	2010-01-22	2010-08-01	国家职业卫生标准
34	用人单位职业病防治指南 GBZ/T 225	国家卫生部	2010-01-22	2010-08-01	国家职业卫生标准
35	黑色金属冶炼及压延加工业职业卫生防护技术规范 GBZ/T 231	国家卫生部	2010-04-12	2010-11-01	国家职业卫生标准
36	放射工作人员职业健康监护技术规范 GBZ 235	国家卫生部	2011-01-21	2011-08-01	国家职业卫生标准
37	职业健康监护技术规范 GBZ 188	国家卫生计生委	2014-05-14	2014-10-01	国家职业卫生标准
38	电离辐射防护与辐射源安全基本标准 GB 18871	国家质量监督检验检疫总局	2002-10-08	2003-04-01	国家标准
39	个体防护装备选用规范 GB 11651	国家标准化管理委员会	2008-12-11	2009-10-01	国家标准

续 表

序号	条目名称	制定机构	公布 / 发布	实施时间	备注
40	国民经济行业分类 GB/T 4754	国家标准化管理委员会	2011-04-09	2011-11-01	国家标准
41	个体防护装备配备基本要求 GB/T 29510	国家标准化管理委员会	2013-05-09	2014-02-01	国家标准
42	生产经营单位生产安全事故应急预案编制导则 GB/T 29639	国家标准化管理委员会	2013-07-19	2013-10-01	国家标准
43	日用化学产品生产企业防尘防毒技术要求 AQ 4238	国家安监总局	2014-02-24	2014-06-01	安全行业标准
44	职业分类目录	人力资源和社会保障部（国家职业资格管理）	http://ms.nvq.net.cn/nvqdbApp/htm/fenlei/index.html		官方网站
45	用人单位职业病危害因素日常监测和定期检测管理规范（征求意见稿）	国家安监总局	安健函〔2014〕86 号	2014-12-31	规范性文件
非煤矿山行业范本 · 行业依据					
1	金属非金属地下矿山安全避险“六大系统”安装使用和监督检查暂行规定	国家安监总局	安监总管一〔2010〕168 号	2010-10-09	规范性文件
2	关于开展金属非金属地下矿山防中毒窒息专项整治的通知	国家安监总局	安监总管一〔2013〕32 号	2013-03-18	规范性文件

续 表

序号	条目名称	制定机构	公布 / 发布	实施时间	备注
3	选矿安全规程 GB 18152	国家标准化管理委员会	2000-07-24	2000-12-01	国家标准
4	金属非金属矿山安全规程 GB 16423	国家标准化管理委员会	2008-06-22	2008-09-01	国家标准
5	石油天然气安全规程 AQ 2012	国家安监总局	2007-01-04	2007-04-01	安全行业标准
6	金属非金属地下矿山监测监控系统建设规范 AQ 2031-2011	国家安监总局	2011-07-12	2011-12-01	安全行业标准
7	石油工业作业场所劳动防护用具配备要求 SYT 6524	国家能源局	2011-01-09	2011-05-01	石油天然气行业标准

图书在版编目（CIP）数据

非煤矿山行业职业病防治专项集体合同实用指南 /《非煤矿山行业职业病防治专项集体合同实用指南》编写组编. —北京：中国工人出版社，2016.10

ISBN 978-7-5008-6563-6

Ⅰ. ①非… Ⅱ. ①非… Ⅲ. ①矿山企业—职业病—防治—集体合同—中国—指南 Ⅳ. ①D922.52-62

中国版本图书馆CIP数据核字（2016）第246432号

非煤矿山行业职业病防治专项集体合同实用指南

出版人	芮宗金
责任编辑	安　静
责任校对	赵贵芬
责任印制	栾征宇
出版发行	中国工人出版社
地　　址	北京市东城区鼓楼外大街45号　邮编：100120
网　　址	http://www.wp-china.com
电　　话	（010）62350006（总编室）　（010）62005039（出版物流部） （010）62382916（职工教育分社）
发行热线	（010）62005049　（010）62005042（传真）
经　　销	各地书店
印　　刷	北京睿特印刷厂
开　　本	710毫米×1000毫米　1/16
印　　张	5.25
字　　数	82千字
版　　次	2017年1月第1版　2017年1月第1次印刷
定　　价	12.00元